船ヶ山 哲
Tetsu Funagayama

大富豪から学んだ

世界最強の儲かる教え

アイバス出版

大富豪から学んだ世界最強の儲かる教え

はじめに

近年、インターネットが普及したことで、数十年前の６００倍の情報が散乱しているといわれています。その理由は、誰もが自由に、ブログやホームページを持つことができる時代になったからこそ起きている事象ともいえます。

ただ、その反面、その乱立している情報によって、多くの人が混乱しているのも事実です。

なぜなら、インターネット上には、嘘の情報も数多く存在しているからです。そして、多くの人が、なぜ嘘の情報に惑わされるのかというと、人は、初めに見たものを「正」だと信じる習性があるからです。

だから、間違った嘘の情報だとしても疑うことなく盲目的に信じてしまうのです。

ただ、その中にも、少しの努力で成功してしまう人もいます。

本物の情報を手にした人は、遠回りすることなくすいすい成功し、自由かつ優雅な生活を過ごしています。しかし、嘘の情報に振り回されている人は、いくら努力しても泥沼にハマり時間と労力を失うだけでなく借金地獄に陥ります。

では、この先、あなたはどうすれば、現状を脱却し、成功することができるのか？

その答えは、ただ1つです。

古く腐った固定概念を破壊し、何年も成功し続けている大富豪の思考をインストールすることです。

世界のマーケティング・コンサルタント　船ヶ山　哲

※本書は小説仕立てで楽しみながら読めるようになっていますので、フィクションが含まれています。登場する人物や団体は架空のものです。あらかじめご了承ください。

第2章　起業するステージでの思考〈顧客を獲得する・集客する〉……60

第3章 成功するための思考〈このマーケティングで年収1千万円〉……109

第4章 非常識なビジネス思考〈大富豪の思考をまねる〉……152

第5章 ビジネスの成功者の思考〈自分の頭をアップデート〉……212

第1章
基本的思考
起業するための環境を創る

飛行機がベルリン・テーゲル国際空港に着陸した。シートベルトのサインが消え、乗客が一斉に席を立つ。私は期待に胸を膨らませて立ちあがった。

今日、その人と逢えるのだ。１週間前にメールを送ったら「ドイツにいる。こられますか？」との返事がきた。私は即「はい。いきます！」と答えた。世界でいくつもビジネスを成功させ、いまでは大富豪となった起業家に逢えるのである。

私はそれまで、その人のセミナーに何度か参加したことがあった。そのときは１０００名規模のセミナーで、遠い存在だった。その人のＤＶＤ教材もたくさん買って勉強した。ビジネスの本質やマーケティングの基本を大切にする人だった。30代ですでに年収10億円以上を達成している人である。

その人はドイツで新しいビジネスを立ちあげるための準備をしているということ

だった。私は知人の紹介でアポイントを取りつけたのである。成功するために何をすればいいのか、私に何が足りないのか、もっと深い真実を教えてもらい、次のステージへあがりたいと考えていた。

電車に乗り、ベルリンからミュンヘンへ移動した。10月のドイツは肌寒いくらいだった。

ミュンヘンでは世界最大のビール祭り「オクトーバーフェスタ」が行われていて、町は喧噪《けんそう》に包まれていた。

指定されたカフェで、私はその人を待った。30分ほどしてその人はやってきた。ソフトモヒカンの髪型に銀縁の眼鏡、白いシャツの胸元には華僑から譲り受けたというダイヤのネックレスが輝いていた。ちょっと強面《こわもて》の男性が、ニヤリと笑って近づいてくる。

その人は、私の顔をジィッと見つめた。まるで小学1年生になった我が子を母親が愛おしく眺めるみたいな目だった。いや、パドックで競走馬を値踏みするギャンブラーの目かもしれない。どちらともしれない視線を感じながら、私は挨拶した。

「お忙しいところ、ありがとうございます。お会いできて光栄です」

「あまり時間がないんで、手短にいうね。指示はメールで出すから、僕の仕事を手伝って欲しいんだ」

フレンドリーな感じでその人は話した。

「はい。喜んでお手伝いさせていただきます」

私は即答した。

「じゃ、さっそくいこうか」

それだけいうと、その人は、席を立った。

「あの……」

あこがれの人と一緒に仕事ができるんだ、こんなチャンスはない。これで私に何が足りなかったのか、成功するために必要なものは何か、とにかく知りたかった。成功するためなら、どこまでも喰らいついていく。私は天にも昇るような気持ちだった。

「君ね、合格！」

その人はそういって親指を立てた。タクシーに乗り、その人はいく先々でビデオカメラを回した。プロモーション用の動画を撮影しているのだという。

別れ際にその人は私に１つの課題を出した。

「年収が3000万円になったら、次のステージだね。じゃ!」

その人は私を残してタクシーに乗り込んだ。私はその人の乗ったタクシーを目で追った。ミュンヘンの紺碧の夜空の丸い月が黒いタクシーの上に白く浮かんでいた。

3000万円か、と思った。


独立して2年目に入っていた。私のビジネスは順調だった。家族はシンガポールに住んでいる。シンガポールと横浜に2つの拠点を持ち、私は夢を1歩ずつ昇っていた。上場企業も含めて私のクライアントは150社に達した。ただ、税引きの年収が3000万円まで、すなわち師匠の課題クリアまで、後1歩だった。

そんなとき、私は奇妙な依頼を受けたのである。

どうする? このクライアントを1年後にビジネスの成功者へと育てあげれば、晴れて目標を達成できそうだ。もしも、失敗したら、1年間を棒に振ることになり、師匠の前で誓ったことが霧消《むしょう》するかもしれない。このクライアントとの契約を断って、他のクライアントをサポートするという選択肢もあるが……。

このクライアントは、介護ビジネスをやっているという。誰の紹介でもない。私のホームページを見てメールをくれたのだ。そして、私はニューヨークからスカイプで最初の面談をした。

そのクライアントとは、小学6年生の女の子だったのだ。

1 ビジネスとは価値交換

クライアントの名前は岡田沙良。小学6年生である。週に1回スカイプによる講義とビジネスに対する具体的なアドバイスをしていくことになった。コンサルタント料の半金はすでに振り込まれていた（会社の登記上の社長は祖父の文蔵である。法定代理人たる親の同意書もきちんともらっていた）。

沙良ちゃんは、地域の介護施設で傾聴ボランティアをやっているうちに、新ビジネスを思いついたのだという。聞いてみると、狙い目は悪くない。しかし、実際に売れているかどうかは、疑問だ。

私はニューヨークのホテルでスカイプをつないだ。

「どうですか？　売れていますか？」

私は単刀直入に尋ねた。

「上手くいっていないから船ヶ山先生にコンサルタントをお願いしたんです」

パソコン画面の中で沙良ちゃんが視線を向けてきた。ちょっと生意気な少女だ。

「そうでしたね。では、講義を始めますね。今日は、ビジネスの本質中の本質をお話しします。『ビジネスとは価値交換』というビジネス思考を持っていただきたいのです」

私は原始時代の物々交換の説明から始めた。たとえばお肉を持っている人と野菜を持っている人がいるとする。肉を持っている人が、野菜を食べたくなった場合、物々交換をして欲しいものを手に入れる。

しかし、豚1頭に対して人参1個だと、肉を持っている人の方が損をしているように感じる。当然、その場合、帳尻を合わせるためには、肉を少し減らすか、人参を増やす必要がある。そういった形で、まずは自分が持っているものと相手が持っているものとを天秤にかけて、交渉する。ただ、肉もずっと保管できないし、いつも持ち運ぶことはできないので、交換するツールとしてお金が発明されたのだ。つまり、そのお金自体には価値は存在しないいってことなのだ。

「ここでもっとも重要なことは、自分が持っているものと、相手が手に入れたいもの、それがイコールになった段階でビジネスは成り立つってことです。ここまでは理解できますか」

「もちろん」

「だから、相手が何を欲しがっているのか？　それが重要になってきます。ビジネスの本質は、相手が何に対してお金を払いたがっているのか？　っていうのを知るだけなんです。で、それを自分で用意して提案すれば、喜んでお金を払ってくれますよね？　しかし、上手くいかない人は、自分基準なのです。自分は、こんないいものを作ったよ。すごいでしょ。だからあなた買ってね。という話になっちゃうんです。ようは価値と価値の交換を無視しちゃってるんですよね。たとえば、いまお腹いっぱいの人に対して、最高級の肉を持っていったところで、買ってもらえないですよね」

「そうですね」

「まずは、誰がお金を払いたがっているのか。そしてその人は何を欲しがっているのかっていうのを聞くことなんです。そこに、自分が解決できるもの、用意できるものを提示すれば、お金になるんです。もし、その段階で、解決策となる商品を持っていなければ、仕入れてくればいいだけの話ですよね。上手くいかないという人は仕入れを先にしちゃってるんです」

「なるほど」

「その際、誰に届ければその価値が最大化できるのかっていうのもポイントになります」

沙良ちゃんは私の話すことをどんどん吸収していった。頭のいい子だ。


ただ、気になるのは沙良ちゃんの表情が暗いことだった。

私はスカイプの通信を切った。ホテルの部屋が静まりかえり、私は先ほどの沙良ちゃんの表情を思い浮かべてみた。私の脳裏に刻まれた残像には、暗い影が差していた。

沙良ちゃんは、どこか寂しげに見えた。明るくポジティブな感じは受けず、やる気に満ちた高揚感もなかった。

沙良ちゃんは何かを隠している。それが何か、この時点ではわからなかった。

2　価値は自分ではなく相手の感情が決めるもの

1週間後、沙良ちゃんとスカイプで話す時間がきた。朝6時だった。私はニューヨーク。東京は、夜の8時だ。

師匠に出会って1年間、徹底してビジネスの本質を学んだ。それを整理し体系づけて経営者たちに教えてきた。インターネットを活用した経営者のための通信教育だ。

しかし、相手が小学6年生だと、どうも調子が出ない。どうしたものだろうか？

スカイプをつなぐと沙良ちゃんは準備をして待っていた。真面目な子どもだ。

「今日は、『価値は自分ではなく相手の感情が決めるもの』というビジネス思考についてお話ししていきます」

「よろしくお願いします」

沙良ちゃんはニコリともしない。

私は商品の価格を決定するものは何かという話をした。企業の多くが原価×3倍で価格を決めている。しかし、この原価は、ある意味で企業が勝手に決めているものだ。

お客様には関係ない数字である。

「沙良ちゃんのサービスの販売価格はいくらですか？」

具体的なビジネスのアドバイスをしてみようと私は思った。

「20万円のパッケージで売っています」

沙良ちゃんは淡々と答える。

「どういう根拠で20万円にしたのですか？」

「別に根拠はありません」

「だいたいこのくらいがいいかなと、決めたわけですね」

「はい。あまり高過ぎても買いにくいのかなと思いました」

「何に対して高すぎるのか、その基準値って何かありました？」

「考えていませんでした」

「それって、お客様の価値ということを、すっかり無視していないですか？」

「はい」

「おじさんは沙良ちゃんをいじめてるんじゃないんだよ。泣かないでね」

「大丈夫です。余計な気遣いは止めてください」

「お客様が不在になってしまったビジネスは成功しません」

私は具体例を出して説明しなければと思った。

そこで、お祭りでテキヤが販売している銀の風船を例に出して説明した。ヘリウムの入ったパーティーバルーンだ。あの風船の原価は約10円。それを、1000円前後で売っている。お祭りにいくと、あれを喜んで買う人がいる。そもそも原価なんて高くても安くても関係ないのだ。極端なことをいえばそのへんに落ちている石だってビジネスになる。

大切なのは価値である。価値さえ提供できれば原価の何倍もの価格を提示しても喜んで買ってもらえる。そのポイントは相手の感情が決めているってことだ。相手の感情にフォーカスすれば、値段をあげることができるのだ。

では、どうやって値段をあげればいいのか。そのためには、そのお客様が手にしたい結果を考えてみることだ。

お客様は、商品を購入して喜ぶが、その先にある結果に対してお金を払っていることを忘れてはいけない。その結果をどのようにしたら拡大できるのか。どのようにしたら加速できるのか。こういった視点を持つことだ。

「沙良ちゃんは、いま、お客様の自叙伝を残すアルバムとＤＶＤを作っていますよね。それは、そのお客様の自己満足のためですよね？」

「自己満足といえば自己満足ですね」

「そうではなくて、その作ったものがさらにお金を生み出すという存在になったとしたら、もっと高い価格を取ってもいいんじゃないですか？」

「うーん」

パソコン画面の中に、唸っている沙良ちゃんの表情が浮かんだ。

「20万円って価格を決めてしまっていますけど、50万円にした場合、どういうサービスで、どういう内容だったら喜んで払ってくれるか、逆算で考えていくんですよ」

「そういう発想はしてなかったですね」

「競合他社とか調査しました？」

「似たようなサービスをやっているところを調べると１００万円とか１５０万円とか、１番高いので３００万円くらいのがありました」

「競合他社はぼったくっているのでしょうか？　そうじゃないですよね？」

「はい」

「結局それ以上の価値を提供しているから喜んで払っている人がいるってことなんですよ。そうじゃなかったら、もうその会社つぶれてますよね？」

「そうですね」

「おそらく、原価は似たようなものだと思うんですよ。それを、相手は３００万円取っている。沙良ちゃんは20万円しか取れていない。この差は何かっていうと相手が感じる感情にフォーカスできていないっていうことなんですよ。ですから、その商品にフォーカスするのではなくて、お客様が得たいと考える願望にフォーカスして欲しいんです。そうすれば、どんな価格を提示すればいいのか、どんな商品をラインナップすればいいのかっていうのが見えてきます。あくまでも、自分基準ではなくて、お客様基準。それを忘れないでください」

「はい」

「じゃ、今日はこのへんで、ありがとうございました」

「ありがとうございました」

ちょっとおかしい、と私は思った。暗い表情でいることも気にかかる。

3 商品は壁

私はごく普通の家庭で育った。父親はサラリーマンで母は専業主婦、そして妹と弟がいた。両親とも妹や弟とも心の交流はちゃんと持てていた。

幸せな家庭で育った私にも悩みはあった。自分のやりたいことが見つからないのだ。そこそこ幸せに暮らしているんだから、無理して上を目指す必要もないし、苦しい思いをして歯を食いしばっていたら奥歯がボロボロになってしまう。

小学校のときは合気道、中学高校は器械体操に明け暮れたが、別に体操選手になってオリンピックに出場するという野心は持てなかった。自分はいったい何をしに生まれてきたんだろう？　それは、幸せな環境下に育った人間のほとんどが持つ悩みじゃないかなぁと思った。

私の場合、転機となったのは子どもが生まれたことだった。この子に自分は何を残してあげられるのかを考えた。何も残してあげられない自分に愕然とした。そこで会社を辞めて独立起業したのだ。自分の会社を子どもに残したいと思ったからだ。

会社を子どもに残したいという思いは本物だった。「自分の会社を軌道に乗せて将来子どもと一緒にビジネスをしたい」ということが、私の生きがいになった。人生の目標が見つかった私はラッキーだと思った。多くの人は生きがいを見つけられないまま年老いていき人生を終えるのだから。

私は、散歩を終えてホテルに戻った。今日は、沙良ちゃんにスカイプでコンサルティングする日だった。

「今日は、『商品は壁』というビジネス思考についてお話をしたいと思います。ではよろしくお願いいたします」

パソコン画面の中で頭を下げる沙良ちゃんの姿が映った。

「沙良ちゃんの商品とはどのようなものかもう一度、教えてもらっていいですか？」

「お客様の自叙伝的なアルバムなんですけど、お客様の生きざまをアルバムにまとめてＤＶＤも制作するというものを商品にしています」

「わかりました。１つ、すごく大事なことをいいますね。それは、商品は固定しちゃダメってことなんですよ」

「はあ」

「商品を固定して、これだって決めた段階で、ビジネスはいきづまっちゃうんです。商品が最高だから売れるっていうことはないんです。消費者が求めているのは、商品の先にある願望だったり、痛みを解消したいっていう思いだけなんですよ」

商品はあくまでも、その願望を叶えるための過程でしかないのだ。商品はある意味、障害でもある。お客様は、商品がなくてその願望が叶えば、それでいいのだ。無料だったらもっといい。何もせずにその願望が叶えば1番いいのだ。

ただ、それが叶わないから、何か商品を買うのだ。だから、商品は消費者にとって壁だと思っていいだろう。その願望を手に入れるツールが商品なのだ。

これを無視して「私の商品は最高だ」と思っていると、商品は売れない。そうではなく常にお客様の願望にフォーカスすることだ。

そして、その願望を達成したら、次の願望、次の願望というように、一緒に手を引っ張って、成長してあげる提案をすることだ。そうすることによって、リピートしてくれて、一生の長いつき合いをすることができる。

このようなことを意識するだけで、もう1つのメリットに気づくことができる。

「それは広告費を極限まで下げていくことができるということです」

「広告費？」

「ようは、１人のお客様から、１回こっきり買ってもらうと、その分、そこで広告費を捻出しなければならないじゃないですか。でもこれが、いまみたいな発想になると、１個の商品で広告費を捻出する必要がないってことなんですよ」

「あとでまた利益があがるっていうことですか？」

「そうです。契約を更新してくれたり、リピート商品だったら、次の商品に移行するときは、広告費もかからないですよね」

「そうですね」

「しかも、売れば売るほど、ファンになってもらえるんですよ」

「はい」

「とにかく、商品は壁でしかないんだってことをしっかりと肝に銘じてくださいね。ではは今日は、このへんにしておきましょう。ところで、東京はもう桜が咲きましたか？」

「はい。いまが満開です」

「あの……」

私が次の言葉をいいかけたとき、

「ありがとうございました」

と、沙良ちゃんがいって、急にスカイプの通信が切れた。

桜が満開だといったときの沙良ちゃんの表情が、急に泣きそうな感じになったのだ。それで、「どうかしたの?」と聞こうとしたが、突然通信が切れてしまった。

スカイプを切ったあと沙良ちゃんは1人で泣いているのではないだろうか。桜のことを質問すると急に表情が変わったのだ。いったい何があったというのか。考えても答えは出ない。

4 ビジネスはかけ算

今日は、沙良ちゃんにスカイプでコンサルティングする日だ。スカイプを開始する前に、私はホテルのベッドに寝転んで、天井を眺めながら深呼吸した。目を閉じて考えてみる。沙良ちゃんの両親はどう考えているのだろうか。小学生がビジネスをしているということに対して、親としてどのような考えを持っているのか聞いてみたい気がした。

過去に３件の成約があったという。それ以降はゼロだ。大人がやるビジネスとしては落第点だ。子ども扱いして甘やかすべきか、それともビジネスとして成立するだけの売りあげを立てさせるべきか。どうすればいい？　結論は出ない。

私は迷いながら起きあがり、パソコンのスイッチを入れた。スカイプにつなぐと沙良ちゃんはすでにスタンバイしていた。

「今日は、『ビジネスはかけ算』というビジネス思考についてお話していきたいと思います」

「よろしくお願いします」

上手くいかない人は、ビジネスを足し算で考えている。１個１個の積み重ねが成果を出すと思っているのだ。しかし、実はそうではない。さまざまな要素がかけ算で加わってくるのがビジネスである。

まず、「見込み客」。次に「望む結果の強さ」、次に「お客様が感じるフラストレーションの大きさ」、次に「競合の強さ」、最後に「タイミング」。それらすべてをかけ算で考えなければならない。1つでもゼロだったら、全体はゼロになる。

「あと、ポイントなのが、市場に誰もいないと1人勝ちできるように見えるんですけど、逆なんですよね。お客様がどこにもお金を払ってないってことはそこには市場はないってことなので、そこだけは間違えてはいけません」

「ニッチ市場を狙えってよくいいますよね」

「ニッチすぎるとダメだってことです。そもそも魚のいないところで、いくら素敵な釣竿を持って、魚の大好物のエサをつけても、魚は釣れないでしょ」

「そうですね」

「ビジネスは、いろいろな要素があるんだよっていうのを覚えておいてください。しかも、その要素がかけ算で構成されていて、商品はその中の1つでしかないってことです」

「ビジネスっていろいろあって大変なんですね」

沙良ちゃんはそこで大きなため息をついた。

「1つ聞いていいかな？」

「何でしょう」

「お父さんやお母さんは、沙良ちゃんがビジネスをやっていることをどういっているのかなぁ？」

「話さなきゃダメですか？」

「別に話したくなかったら話さなくてもいいよ」

「いまは話せません。売りあげがちゃんと立たなきゃ、１歩も前へ進めないんです。船ヶ山先生、これからもよろしくお願いします」

「わかりました。売りあげを伸ばしましょうね。いま介護施設にチラシを置いてもらってるっていってたよね。そのデータをメールでもらうことはできますか？」

「できます。すぐに送ります」

「ありがとう。じゃ、それを見て具体的にアドバイスするからね」

私はスカイプの通信を切った。

どういうことなんだろう？　売りあげをあげなきゃ１歩も前へ進めないとは？

沙良ちゃんの身の上に何がのしかかっているのか、さっぱりわからない。難しい問題だった。

まあいい。一度、東京に帰って、直接沙良ちゃんに会ってみるか。そうすれば、少しは沙良ちゃんの事情が見えてくるかもしれない。

5 勝てる市場を知る

相手が小学生だと思うとどうしても本調子になれなかった。しかし、「売りあげをあげなきゃ1歩も前へ進めない」といったときの沙良ちゃんの泣きそうな顔を思い出すと、心を鬼にしてでもいうべきことは、いっていかなきゃいけないなと思った。

1週間が過ぎ、またスカイプでコンサルティングをする日がやってきた。

「今日は、『勝てる市場を知る』というビジネス思考についてお話をしていきたいと思います。では、よろしくお願いいたします」

私はマレーシアのタクシー事情の話をした。私は仕事でよくマレーシアにいき、日本とは比べものにならないくらい格安のタクシーに乗る。

商品をタクシーだとして考えて欲しい。ここにＡＢＣの3つのタイプのタクシー運転手がいる。

A運転手は流行のアプリにすぐ飛びついて踊らされている人。マレーシアには「タクシーアプリ」というのがある。タクシー側にアプリを積んで、お客様側もそのアプリを入れると、お互いに通信ができるのだ。

お客様は、タクシーを呼びたいときにそのアプリに、「タクシーを呼ぶ」という操作をする。すると、近くを通ったタクシーが反応して、「タクシー！　タクシー！」といって、アプリが騒ぎ出す。そういうアプリだ。

しかし、このアプリは近くを通ったタクシーにしか反応しない。つまり、手をあげて止める、いままでのタクシーと何も変わっていない。だから、A運転手はほとんど儲かっていないのだ。

一方、B運転手はショッピングモールでお客様を待っている。マレーシアにも日本と同じように、イオンがあり、そこには大量の人がくる。そのうちの何人かはタクシーに乗るだろうと思って、タクシーの運転手はみんなそこにたむろしている。

しかし、タクシーに乗るお客様はこないから、ずっと時間をつぶして「こないね、こないね」とやっている。たまにしかお客様がこないので、きたときには、ぼったくるしかない。これも儲かってない。

儲かっているC運転手はどこにいるのか。答えは「バス停」だ。バス停のお客様は、実はバスに乗りたいわけじゃない。目的地にいきたいだけなのである。

そして、マレーシアのバスは時間通りにこない。目的地にこない。下手すると、1時間、2時間こない。ずーっとバスがこないので、バス停に並んでいる人はイライラしてくる。そこに涼しい顔したタクシーがやってきて、「乗ってく？」というわけだ。バスよりも、値段が5倍から10倍高いのに、みんな乗っていく。

それはなぜかというと、目的地にいけないことで「損失」が生じるからだ。だから、高いとは知りつつもタクシーに乗るのである。

A運転手とB運転手とC運転手、商品は何も変わっていない。なのにC運転手だけが儲かっている。これはC運転手だけが、勝てる市場を知っているからだ。

売れない、売れないと悩んでいる人は、機能をあげたり、サービスを見直したり、価格を下げてみたり、そういうことをしてしまう。AやBのタクシーの方が綺麗なタクシーを使っていて、Cは古い車を使っているとする。それでも、C運転手の方が儲かる。

極論をいうと、商品は関係ないのだ。だから、商品の機能を見直す前に、戦う市場は本当にそこで合っているのか、というのを見直してもらいたい。

「先日、沙良ちゃんが送ってくれたチラシを見たんだけど、大きな問題がいくつかありました。少し厳しいことをいっても大丈夫かな？」

「はい。何でしょうか？」

「チラシには、『いざ介護を受けることになったとき、自分の情報を家族が知っていなければ大変なことになります。アルバムに入れておくと便利ですよ』というメッセージがメインになっていますよね。介護施設にくる人たちに、こういうメッセージを送って、お客様には響いているでしょうか？　すでに介護を受けてる人たちですよね。しかも、高齢者の何割が介護を受けているか調べたことがありますか？」

「ありません」

「わずか２割なんですよ。あとの８割は元気な高齢者なんです。そもそも介護を受けている人たちが20万円出してアルバムやＤＶＤを作るだけのお金があるでしょうか？」

「ないですね」

「ターゲットもメッセージも間違っていたということですよね。いままでお客様になってくれた人たちは、何の目的で買ったといっていましたか？」

『自分の生きざまを残したい』といわれていました」

「それが『お客様が求めている結果』ですよね。いつか介護が必要になるから作るというわけじゃないですよね。お客様のニーズをちゃんと聞き出していたにも関わらず、沙良ちゃんは商品もメッセージも変えようとしなかったんですよね。しかも、いままでのお客様は介護が必要な人たちでしたか？」

「いえ。会社の社長さんで、まだピンピンしている70歳前後の経営者さんです」

「70歳くらいの社長さんが『自分の生きざまを残したい』という目的で購入してくれたわけですよね。ならば、チラシの内容も、チラシを置く場所も変える必要があると思いませんか？」

「すぐに変えます」

「変更したチラシができたら、すぐにデータを送ってくださいね」

「はい。ありがとうございました」

沙良ちゃんが泣き出すかなと思ったが、実際は目を輝かせ始めたことに私はホッと胸をなでおろした。改善点が具体的に見えてきたことで、やる気が出てきたのかもしれない。

6 市場とは、見込み客×販売者の数

沙良ちゃんから改良したチラシが送られてきた。

広告メッセージは「自分の生きざまを残してみませんか？」というものだった。内容はアルバム制作とＤＶＤ制作で20万円。介護という言葉はチラシの中から消えた。

普通はこれをどう売るかを考えるだろう。

けれど私は、これを50万円で売るにはどうすればいいかを考える。いままで会社の経営者たちが購入してくれたというのだから、売り方を変えれば大化けするかもしれない。

私は２歳になる娘が熱を出したというので、急遽シンガポールに戻るために、ジョン・Ｆ・ケネディ空港のファーストラウンジにいた。

私はラウンジ内を歩き、比較的雑音の入らない、フカフカのソファに腰を下ろし、インターネットに接続してスカイプを立ちあげた。画面の向こうで沙良ちゃんが待っていた。

「今日は、アメリカの空港から通信しているので少し騒がしいかもしれないけど、ごめんね。では、『市場とは、見込み客×販売者の数』というビジネス思考についてお話ししていきたいと思います」

「よろしくお願いします」

「そもそも市場というのが何か、わかっていない人が非常に多いんです。結論からいうと、『市場とは見込み客×販売者の数』なんですよ。そこで、見込み客とは何かというと、『お金を払う心の準備ができている人』です。その他、『その問題をお金を払ってでも解決したい人』というのも見込み客です。ほとんどの人はこの見込み客を勘違いしているんですよ」

「ターゲットとは違うんですか?」

沙良ちゃんが首をかしげる。私はターゲットについて説明した。

よく、「ターゲットは30代の働く女性で、美容と健康に興味のある人」なんていうことがある。

しかし、そんなふうにターゲットを決めても、何の意味もないのだ。ようは、その人がお金を払う準備ができていなきゃ、単なる冷やかし客である。

冷やかし客の声を聞いて、冷やかし客の満足するようなものを提供しても、結局は冷やかしで終わる。そういう商売をしていると、振り回されるだけで儲かりはしない。

もう１つ大切なのが「販売者の数」。上手くいかない人は、「自分の狙った市場にはまだ競合他社がいないラッキーだ！　これを売ったら億万長者だ！」と思う。

けれど、そもそもそこに競合他社がいないってことは、そこにビジネスは存在しないっていうことなのだ。

たとえば、南の島で分厚いコートを売っている人は誰もいない。売っている人が誰もいないから儲かるかというと、まず儲からないだろう。販売する人がいないってことは、そこはお金にならないという判断でみんな手を出してないだけなのだ。

１番いいのは、見込み客がいる状態で、販売者もそれなりにいる市場を狙うことだ。つまり、商品を買う心の準備もできていて、その問題をお金を払ってでも解決したいと思っている人が、そこにはいるということだ。とはいえ、そんな都合のいい人がいたら苦労しないと思うだろう。実はいるのだ。しかも、簡単に見つけることができる。

その見込み客は、競合他社にいる。

見込み客には3つの段階がある。まずは、「悩んでいて、それを認識している」ということ。これが第一段階。第二段階は「その解決を求めて何らかの行動をしている」ということ。第三段階が「その問題に対してすでに商品を買って使っている」ということ。

どの段階の見込み客が1番買ってくれるか?

もちろん、第三段階の見込み客だ。

この第三段階の見込み客かどうかがわかっていてセールスするのと、冷やかし客かどうかわからずにセールスするのではまったく違う。

そもそも買う気がない人にセールスしていたら時間の無駄だ。これが、過去に買ったこともある、お金を払う意思もある、という人だったら、時間をかける価値がある。

どんな人が第三段階の見込み客なのかを知りたかったら、インターネットで簡単に調べることができる。「自分の業種、スペース、お客様の声」で検索すればいいだけのことだ。

すると、全国にある競合他社の「お客様の声」のページが検索結果として出る。ここには、過去のお客様にヒアリングした結果が載っている。それを調べていけば、「どんな人がお金を払っているのか」が一目瞭然。この見込み客を把握した上で、その共通点を調べていき、ターゲットを絞り込んでいけばズレた商売をしなくてすむ。

誰を狙えばいいのかがわかれば、どんなメッセージを発信すればいいのかが見えてくる。

「沙良ちゃんの改良したチラシを見たけど、ターゲットが以前の要介護者から高齢者で会社の社長さんに変更したよね。そして広告メッセージは『自分の生きざまを残してみませんか？』ということだよね。『生きざまを残す』という自己満足的なコンセプトだと20万円がやっとだけど、他の目的にしたら50万円にならないかなぁ？」

「見当もつきません」

「以前、作ったものは具体的にはどんなアルバムやＤＶＤだったの？」

「ほとんど仕事のことでした。自分の仕事にどう取り組んでいったのかという心構えや、具体的なノウハウなどです」

『生きざま』じゃなくて『ノウハウ』だよね。『いままでやってきた仕事のノウハウを残す』となったら自己満足的な商品じゃなくなるよ。『後継者に残す手引き書』とか『同業者に販売するノウハウ』となるとお客様が商品として販売できるようになるよね。そうなると50万円でも安いってことにならないかなぁ」

「なります。すごいですねぇ」

「では、もう一度、広告メッセージを作り直してみようね。できたら、メールで送ってね」


そのとき、航空会社の女性スタッフが飛行機の離陸の時間が迫っていることを告げにやってきた。

「あ、飛行機の時間がきたから、今日はこのへんで、ありがとうございました」

7 見込み客の現実を常に把握する

娘は元気そのものだった。「電話したときには大変だったのよ」と妻はいうが、私は妻をとがめるつもりは一切ない。仕事も大事だが家族の方がもっと大事だ。ニューヨークでの仕事をキャンセルしたってどうってことない。すぐに取り戻せる。

翌朝、親子４人で朝食をすませ、子どもたちは学校へいった。船ヶ山家の日常だった。家族に感謝したい気持ちでいっぱいになる。クライアント企業にも、私の教材を購入してくれているお客様にも、心から感謝したい気持ちになる。

私は窓から見えるシンガポール海峡とその先のバタム島を眺めながら「ありがたいことだなぁ」と思った。

私はパソコンのスイッチを入れスカイプをつなぐ。そして、沙良ちゃんとの面談を始めた。

「では、今日は、『見込み客の現実を常に把握する』というビジネス思考についてお話ししていきたいと思います」

「よろしくお願いします」

「見込み客をないがしろにしている人がすごく多いんですね。どういうことかというと、商品を作ったら、お客様が勝手にくるというイメージがあると思うんですけど、ここを外してしまうと一切商品が売れないんです」

「どういうことでしょうか？」

「お客様の現実を知って、自分がよっていくしかないんです。お客様からこっちによってくることはありませんから。ここを勘違いすると、1個も商品は売れません」

たまに自分の好きなものを作って売れて成功したという人がいる。それは見込み客の現実と自分の商品がたまたま偶然合致しただけなのだ。たまたま時流に乗って、たまたま自分が考えた商品が、たまたま見込み客の現実とマッチしたから売れたってだけなのに、それを自分の才能だと勘違いする人が多い。

しかし、そんなラッキーが続くわけがない。ゆえに、その人は一発屋で終わる。

じゃ、どうすればいいのか。結論からいうと、自分視点ではなく見込み客の視点で考えていくことだ。ようは、見込み客に「何が欲しいですか？」と聞いてそれを作るのだ。


どうやって聞けばいいか？　これにはテクニックがある。

見込み客が使っている「言葉」「単語」「いい回し」、これを考えなくてはいけない。見込み客が使っている、あるいは、信じている言葉を使うのだ。

聞かなければいけない項目は5つある。1番目が「願望」、2番目が「結果」、3番目が「フラストレーション」、4番目が「悩み」、5番目が「痛み」、これについて聞く。

たとえば、1番目の「願望」を聞き出すときは、私だったら集客とか企業の売りあげアップなので「売りあげアップしたらどういう未来が待っていますか？」とか「どんな夢を叶えたいですか？」とかそういう「願望」を聞く。そうすると話しやすくなる。

2番目の「結果」は、「1年先の目標とかって何か考えられてるんですか？」とか「半年先の目標って決まってますか？」とか。具体的な年数を提示して聞き出せばいい。

「フラストレーション」は、私の場合「集客」なので「集客に対して今フラストレーションを感じているものは何かありますか？」と聞いてもちんぷんかんぷんなので、「集客に対して今どんな取り組みをされていますか？」とまず聞くようにしている。

そうすると、「チラシだよ」、「フェイスブックだよ」、「ホームページだよ」といってくれる。それに対して、次の質問が大事となる。

「それは上手くいってますか?」という質問だ。

大半の人が上手くいっていない。上手くいってないってことは、それがフラストレーションになっているってことだ。つまり、「フラストレーション」は、上手くいっていないことを聞き出せばいいのだ。

それから、「悩み」。これは簡単。「集客ってすごく難しいですよね?」と聞き出していけばいい。最後の「痛み」というのは何かというと。「集客が上手くいかなかったらどんなふうに状況が悪くなるんですか?」というふうに聞くわけだ。たとえばそれがリストラなのか、もしくは会社自体を倒産させなくっちゃいけないのか、そのときどんな言葉を見込み客が使うかを引き出せばＯＫ。その言葉を広告メッセージに使っていくのだ。

ポイントは「キーワードとなる言葉」、「共通言語みたいな言葉」、それが見つかるまで、いろいろな角度から質問し続けることだ。そうすると、見込み客の現実がわかってくる。

さらに、注意しなければいけないことがある。今の願望と、1年後の願望、もしくは今の悩みと、1年後の悩みは、確実に変わるということだ。ここを無視して、いつまでたっても初めと変わらないメッセージを発信していると、競合他社に見込み客を取られてしまう。

だから、お客様と懇親会や食事会などを持って常に話を聞くことだ。そうすれば、広告メッセージを間違えず、広告費もさほどかけずに集客できるようになる。

果たして、小学6年生の女の子にそんな場が作れるだろうか？

「沙良ちゃんは、いままでのお客様と定期的にお話をする機会を持っていますか？」

「持っていません」

「これから持てますか？」

「はい。何とかやってみます」

「沙良ちゃんの見込み客は、それまで介護施設を利用する人たちだったけど、先週のコンサルティングで修正しましたよね」

「はい。60歳過ぎから70歳前後の会社の社長さんにしました。チラシのメッセージも変えました」

「ちょっと考えてみて欲しいんだけど、そういう人たちって、どこにいるんだろう？　老人会の集会場かな？　それとも囲碁クラブかな？」

「わかりません」

「それは来週までの宿題ね。できますか？」

「はい。できます」

「それでは、今日はこのへんで。ありがとうございました」

「ありがとうございました」

8 不利となる発言はしない

「今日は、『不利となる発言はしない』というビジネス思考についてお話ししていきます」

「よろしくお願いします」

「この不利となる発言とは何か、具体的にイメージできますか？」

「不利な発言ということは、私の年齢のこととか、未熟なところとかですか？」

「そうですね。独立起業したばかりの人っていうのは、この不利な発言を知らず知らずにしちゃうんですよ」

「お客様の立場に立ってみて欲しいんです。沙良ちゃんは、いろんな業者の中の１つなんです。お客様は何か商品を買いたいとき、専門家から買いたいと思うはずです。なのに、私はまだ未熟者ですけど、買ってくれませんかというお願い営業になっちゃうんですよ」

「やると思います」

次に、私のクライアントの事例を語った。私のクライアントにマッサージ屋さんをしている人がいる。昼間は他のバイトをして夜にマッサージ店をやるという生活だった。数ヵ月後に本格的にお店を構えるつもりだった。

だが、昼間はバイトしているということをお客様に、ついついいってしまったのだ。マッサージを受ける側からすれば、怖い話である。昼間バイトして副業的にやっている人に体を揉まれたら筋を傷めないかなって心配になる。たまったもんじゃない。

そのクライアントは「一生懸命独立起業に向けて頑張っているんです」というメッセージとしていいたかったらしい。ただ、そのいっていることがマイナスになっているってことに気づいていなかった。

そこで私はこんなアドバイスをした。嘘をつかずにすごく見せればいいのだ。たとえば、4月になったら副業辞めて本格的にスタートするのだから、その間、昼は予約が取れない。

その場合、「4月までは昼間はすべて予定が埋まっています」といえばいいだけ。相手からしてみれば、4月まで予定が埋まっているすごい先生なんだって、勝手に解釈する。

表現1つで、相手に与える印象がまったく変わるということだ。

ここで注意しなければいけないのが、ゼロからイチを生み出すとき。ここが1番難しい。お客様はゼロからイチになるところのイチになりたくないからだ。つまり、最初のお客様になりたくないと誰もが思うのだ。

では、どうすればいいのか。ビジネスは価値と価値の交換なので、お金をもらわずに、その実績をもらえばいい。ようは、3人くらいをタダでやってあげるということだ。そうすれば、すでにこの3人のクライアントがいますといえる。

「ところで、先週の宿題はできましたか？　沙良ちゃんの見込み客はどこにいるのか、という宿題です」

「はい。おじいちゃんの知り合いの税理士事務所が、後継者問題を考える勉強会を定期的に開いてて、その参加者が全員60歳過ぎの経営者だっていっていました」

「では、その勉強会でチラシを配布することをお願いしたり、代理販売をその税理士事務所の方にお願いすることはできますか？」

「できると思います」

「そのとき税理士事務所の方が得することを何か与えることはできますか？」

「よくわかりません」

「じゃ、それは宿題ですね。税理士事務所の方をどうやったら味方にできるか考えてみてください。上手くいけば、本気になって販売してくれるかもしれませんよ」

「はい」

「次回は、その結果を教えてくださいね。ありがとうございました」

「ありがとうございました」

沙良ちゃんはどことなく元気のないところがある。子どもらしく笑ったり、ふざけたりするところがまったくない。常に、暗い影がつきまとうのだ。

いまどきの小学生はみんなそうなのだろうか？　それとも、私の前で緊張しているからなのか？

ただ、聡明で素直なところがある。行動力もあり、宿題はちゃんとやってくる。沙良ちゃんのモチベーションはどこからくるのだろうか？

9　無料お試しの目的

「では、今日は、『無料お試しの目的』についてお話ししていきたいと思います」

「この無料お試しなんですけど、沙良ちゃんはやっていますか？」

「セールス用のＤＶＤを作ろうと準備しています」

「それって商品のダイジェスト版みたいなイメージですか？」

「はい。そうですね」

「この無料お試しっていうのは、色んなパターンがあるんですよ。たとえば、パーティーを開いて試写会するというのも１つの無料お試しになりますよね」

「楽しそうでいいですね」

「パーティをアップセル商品にすることもできます。アップセルというのは、何かを購入してもらったときに別のものを一緒にセールスするということです。マクドナルドの『ご一緒にポテトもいかがですか？』というのがアップセルの事例になります。アルバムとＤＶＤを作ったら、一緒に試写会パーティーもいかがですか、とセールスできますよね」

「へぇえ〜」

軽く驚いたような声を沙良ちゃんはあげた。

「試写会パーティーというアイデアは、その人に別の商品を売りながら、他の人にセールスをかけることができるってことなんですよ」

「それは一石二鳥でいいですね」

パーティーには、おそらく身近な人しか呼ばないだろう。クライアントとの信頼関係のできあがった人たちばかりだ。そこで、クライアントは集まった人たちに、「こんな素晴らしいサービスを受けたよ」「こうやってＤＶＤを作るとこんなにいいよ」ということをいってくれる。

つまり、優秀な営業マンになってくれるということだ。

このパーティーで無料お試しを提案することもできる。たとえば5分とか10分のダイジェスト版ＤＶＤを無料で作ってあげるというものでもいい。やってもらったあとに、よければ本格的ＤＶＤを作りませんか、といって有料コースにつなげる。

とくにビジネスを立ちあげたばかりのころは、無料の人と有料の人を分けるといい。一般の対象の人からは通常通りお金をもらうが、影響力のある人には無料モニターになってもらえばいい。スポーツ選手とか芸能人とか、もしかしたら、大統領とか……。


「初めからお金お金ってすると、お金というのは逃げてしまって入ってこないんですよ。なので、この無料お試しを上手く工夫して知恵を出してみてください」

私は、沙良ちゃんにやさしい口調でいった。

「ああ、はい。ありがとうございます」

「ところで、先週の宿題はできましたか？　税理士事務所にどんなメリットを提供できるかを考えてみることですけど」

「直接、税理士事務所の社長さんにお願いして、ストレートに何か欲しいものはありませんか、って聞いてみました」

「相手は何て答えましたか？」

「お宅のおじいちゃんには大変お世話になったので、恩返しのつもりで、応援させてもらうって」

「よかったじゃないですか？」

「ただ、それじゃ申しわけないので、いま困っていることを聞いたら、パソコンの使い方がいまいちわからないっていっていたので、ミニパソコン教室を開いて教えてあげました」

「それは、素晴らしいです。多くの人は自分のビジネスに直結することだけが信頼につながると勘違いしていますが、そんなことありません。たとえるなら、クモもクモの巣を含めてクモであるように、その周りにあるものも含めて信頼というものが確立されていくんです。これからも商品に拘らずに喜ばれることをどんどんしてあげて信頼を深めていってください」

「わかりました。どんどん自分にできることは何でもやっていきますね。」

「そういえば、それで2件、お客様を紹介されました」

「その2件はどうなりましたか？」

「2件とも契約書にサインをしてくれました」

「すごいじゃない。金額は50万円？」

「はい。50万円です」

沙良ちゃんはあくまで冷静にいう。

「じゃあ、合わせて100万円。おめでとう。よかったね」

私は少し興奮ぎみに喜びを表した。

「そうなんですけど」

沙良ちゃんは急に泣きそうな顔になった。

「ちっともよくありません。じゃ、今日はこのへんで失礼します」

「あ、ちょ、ちょっと待って……」

沙良ちゃんの方からスカイプを切ったようだ。突然、そこで通信が切れてしまった。

いったいどういうことだろうか？

以前、「売りあげがあがらなければ1歩も前へ進めない」といっていた。なのに、いざ売りあげが立ったというのに、喜ぶどころか悲しい顔をしていたではないか。「ちっともよくない」という言葉の裏にはいったい何が隠されているのか、私には予測すらできなかった。

スカイプが切れる直前の沙良ちゃんの表情が目に浮かんでくる。泣きそうな顔だった。あの小さな胸に、何を抱え込んでいるのだろう。

10 倍々ゲームで加速度的にビジネスを成長させる方法

1週間が過ぎた。沙良ちゃんとスカイプでコンサルティングをする時間がきた。私の脳裏には1週間前の沙良ちゃんの泣き顔が浮かんでくる。通信をつなぐと、前回と同じような沈んだ沙良ちゃんの顔がパソコン画面に映し出された。

私も共鳴して暗くなっていく。沙良ちゃんを笑わせようとするがちっとも笑顔にならない。盛りあがることもない。どうも調子が乗らないのだ。私はあきらめて静かな声で話した。

「『倍々ゲームで加速度的にビジネスを成長させる方法』があるんです。聞きたいですか？」

「はい。聞きたいです」

沙良ちゃんは私の扇動《せんどう》には乗ってこない。あくまで冷静にいった。

「今回お話しすることを意識していくと、どんどん加速度的にお金を増やしていくことができるんですよ」

「そうなんですかぁ」

気のない返事だ。

「ただ、お金に執着したらお金は増えていきません。思考が逆なんです。じゃあ、何を意識すれば倍々ゲームでビジネスは成長していけるのかというお話なんですが、何だと思います？」

「広告ですか？」

少し考えてから沙良ちゃんはいった。

「うーん。広告は反応が取れなかったら続けていくことができませんよね」

「広告じゃないとすると、何でしょうか？」

「答えは実績です」

私は起業した当初、とにかくお金を意識しなかった。お金ではなく、どうしたら実績を上書きできるかということを意識した。たとえばクライアント数でもいい、誰かとジョイントベンチャー（ＪＶ）することでもいい。そのＪＶ相手もすごい人、権威のある人と組めば実績になる。そう思った。

たとえば何かの賞を取った。これも実績だ。これくらいの売りあげになった。これも実績。お客様の声の数。これも実績。この実績を積みあげて、メッセージで発信していくことによって、倍々ゲームでビジネスが加速する。

まったく無名でコンサルを１人もしたことがない人のコンサル料が、たった５０００円でも高いと思うはずだ。しかし、実績もあって大手のクライアントにも成果を出している人が、１００万円とか３００万円とかのコンサルタント料だったら安く感じる。

お客様がゼロのコンサルタントも、大手クライアントのいるコンサルタントも、提供しているサービスはほぼ一緒。ただ、教えている内容は一緒だとしても、相手に与える印象はまったく違う。この印象が価格になる。だから、実績がお金に反映されるのだ。

「大事なことなので繰り返しますね。ビジネスを倍々ゲームで加速させたければ、お金に執着したらいけません。実績だけを意識して、どうやったら次のステージにいけるのかな？　次の実績を産むには何をすればいいのかな？　ということだけを意識すれば、どんどんお金は入ってきます」

「はい」

「ただ、ここで注意も必要です。『お金は後からついてくる』という人がたまにいますが、実績にならないものをタダでやってもいい人で終わるだけなので、無料でやった場合は、お金の代わりに実績にならないかを考えてみてください」

「今日は、沙良ちゃんにどうしても聞きたいことがあるんですが、率直に質問してもいいですか？」

「何でしょうか？」

「沙良ちゃんって、私に重要なことを何か隠していませんか？」

私は穏やかな中にも断固としたものを秘めていった。

「隠していません」

沙良ちゃんはポツリとつぶやく。

沙良ちゃんはパソコンカメラの前で泣き出してしまった。私はしばらく待った。沙良ちゃんの気持ちが落ち着いてちゃんと話せるようになるまで、何時間でも待つつもりだった。「ごめんなさい。ごめんなさい」と涙声で謝る沙良ちゃんが可哀想でならなかった。

小学6年生の女の子をここまで追い込んでしまったものはいったい何なのか？

得体の知れないものに対する怒りさえ覚えた。

1時間近く経過して、沙良ちゃんはポツリポツリと話し始めた。

第2章

起業するステージでの思考
顧客を獲得する・集客する

沙良ちゃんは、涙の原因を話してくれた。

大好きなおじいちゃんとパパが喧嘩しているというのだ。おじいちゃんの名前は文蔵、パパは雅彦という。パソコンが苦手な文蔵さんの代わりに沙良ちゃんがスカイプコンサルティングを受けていたのである。雅彦は、文蔵のビジネスを小学生の娘が手伝うことは認めていたが、上手くいくはずがないと思っていた。

しかし、コンサルティングのおかげで売りあげがあがったことが、文蔵と雅彦の喧嘩に油を注いだという。文蔵が息子の雅彦に「ほら見ろ、ちゃんと売れたぞ」と自慢気にいってしまったのがいけなかった。

雅彦は「利益の出ない仕事をチマチマやって何になるんだ。そんなビジネス、やめてしまえ」と怒鳴り返し、取っ組み合いの喧嘩へと発展し、真夜中に窓ガラスが外れて壊れてしまったのである。

雅彦は小学校の頃にいじめられた原因が、自分の父である文蔵にあることを知り、それをいまだに根に持っているのだ。

文蔵はサラリーマンが大嫌いで、ただの一度も会社勤めをしたことがなかった。結婚する前から、文蔵は知人宅を訪問して洗剤を販売し、さらにお客をディストリビューターという販売員へと育成するというビジネスに従事していた。他人の家にあがり込んで、従来の洗剤と自社の洗剤を比較するデモンストレーションをやって見せた。雅彦が生まれ、幼稚園に通うようになったら、幼稚園の運動会で父兄たちに売り込みをし、厳重注意を受けたこともある。

雅彦が小学校へあがると、クラスメイトの名簿を頼りに軒並《のきなみ》訪問した。「お前の親父が家にきてハエのように追い出されていったぞ」と雅彦がいじめられるようになるまで１ヵ月とかからなかった。雅彦がそのことを黙っていたせいで、文蔵のセールス熱は納まるどころかますます過熱していった。このビジネスを拡大して株式会社を設立するという夢を息子に語って聞かせた。

ところが、洗剤は売れなくなってしまった。洗剤が売れなくなったら、今度は異臭のする健康ジュースを販売するようになった。その次は、50万円もする布団販売のビジネスに手を染めた。屋台のラーメン店は、3ヵ月しか続かなかった。

少し長く続いたのは便利屋だった。「お前を大学へいかせられたのは、便利屋の仕事をやっていたからだ」と文蔵は雅彦にいったものだが、実際は妻の実家の支援で生活していたのである。

文蔵のやっていた便利屋の仕事といえば、週に3回程度の犬の散歩だった。大人になった雅彦は、そのことを知り、心底父親を軽蔑するようになった。そして、大手コンサルタント会社に就職し、父親がもっとも嫌うサラリーマンになった。

文蔵は会社設立にこだわり、雅彦は会社員であることにこだわった。文蔵の怒りのスイッチを押す言葉は「たった1千万円も稼げないうじ虫野郎」だった。1千万というのは、当時は株式会社を設立するには、1千万円の資本金が必要で、文蔵にはそれだけのお金を作ることができなかったのだ。

雅彦は父親の顔を見るたびにそれを口にした。自分は大企業に入社して国家プロジェクトに携わっている、億単位のでっかい仕事をまかされているんだぞ。貯金だって、もう1千万円は越えている。それに引き換え、あんたは、ちっとも稼げなくてヒイヒイいっているじゃないか、会社経営なんてやめてしまえ、というのが雅彦のいい分だった。

一方、雅彦の怒りスイッチは「社畜野郎」だった。仕事、仕事、で家に帰れない日もあって、娘の沙良の面倒はすべて文蔵とおばあちゃんの梅子に任せっきり、そんな人生のどこが幸せなんだ、というのが文蔵のいい分だった。

ちなみに、沙良ちゃんの母親の和子も家をかえりみない女性だった。社会貢献活動に忙しいのである。最初は、子どもたちの読み聞かせを地域の婦人たちを巻き込んでやっていたのだが、いつしかもの足りなくなりエスカレートしていった。次に区長を巻き込んで街の清掃活動を推進していった。

しかし、区長が代わると清掃活動の推進団体が解散となってしまった。次に取り組んだのは北朝鮮に拉致された日本人を救出する活動である。テレビに出るような有名人や政治家と会えるようになり、母親はますますその活動にのめり込んでいった。家を空けることもしばしばあった。

母親は、義父のビジネスを聞いたとき「そのお仕事は社会にどれだけ貢献できるんですか?」と質問した。文蔵はどぎまぎするだけで、何も答えられなかった。

11 実績は告知して初めて認知される

私は沙良ちゃんの事情を聞いて1つの提案をした。スカイプコンサルのときに、おじいちゃんの文蔵さんも隣に座って聞いてもらえないかということだ。文蔵さんに聞きたいこともあるし、本当のクライアントの顔も見てみたい。沙良ちゃんは快く承諾してくれた。

この日のスカイプから、2人が相手になった。

「では、沙良ちゃん、文蔵さん、よろしくお願いいたします。今日は、『実績は告知して初めて認知される』というビジネス思考についてお話ししていきたいと思います」

「よろしくお願いします」

沙良ちゃんの後ろに老人の顔が映った。

「よろしく」

文蔵さんは老人とは思えないほどの活気に満ちた声でいった。

私は実績に関する講義をスカイプを通じて行った。

たとえば、名刺交換をするとき、相手は何に注目するのか。名前でも、会社名でも、住所でもない。業務内容を書いてもしかたがないのだ。裏側に業務内容がズラリと書いてある名刺を見かけることがあるが、何の意味もない。その段階で営業だと認識されるので、マイナス要因にしかならない。

名刺の役目は営業ではないのだ。見込み客に「すごい！」と思わせることである。そのために何を書けばいいのか。それが実績である。そうすれば、営業マンではなく専門家という位置づけが確立する。営業マンだと思われたら儲けが逃げていくと思って間違いない。名刺交換した瞬間に「この人が私の人生を変えてくれるかも」と思ってもらえるかどうかがポイントだ。

実績ができたら、名刺だけじゃなくて、ホームページやチラシなどでどんどん告知すればいい。そうすれば売りあげも伸びていく。私は前作の本が三省堂のビジネス部門で1位になった。紀伊国屋本店のビジネス部門では3位。アマゾンのマーケティング・ビジネス部門で1位だった。

これはもちろん、名刺やホームページに掲載している。この実績のおかげで名刺交換するとき必ず相手が「すごいですね」といってくれる。

また、私のことを知人が誰かに口コミで話すときも、この実績をいってくれている。私自身が実績をいうのと、他人が私のことを話すのとでは効果は10倍違う。「船ヶ山さんって本を出版していて、三省堂のビジネス部門1位なんですって、すごいでしょ。一度、コンサルの相談にいってみたらどう?」と他人が友人を誘ってくれることもある。すでに信頼関係のある友人からいわれると、つい申し込んでしまうものだ。

これを「信頼の移管」という。


「いかがですか?　何かすごいと思わせるような実績ってありますか?」

「ありません」

沙良ちゃんが答えた。

「文蔵さんはどうですか?」

「見当たらないなぁ」

「じゃあ、これから作るしかないですね」

「どうやって作るんですか？」

沙良ちゃんが尋ねた。

「ちょっと考えてみよう。クライアントの数で勝負するか、すごいクライアントを持っているという質で勝負するか、どっちがいいですか？」

「すごいクライアントって、どういうことですか？」

沙良ちゃんは、考え込んだ。

「たとえば、『総理大臣の自分史ノウハウＤＶＤを作成した実績があります』っていったらどうですか？」

「すごいですねぇ」

「それを名刺やチラシやホームページで告知したら、どうなりますか？」

「お客様がいっぱいやってくると思います」

「それだけじゃないよ。お客様がお客様を呼んできてくれるよ」

「そうですね」

沙良ちゃんが大きくうなずいた。

その後ろで文蔵さんが目を輝かせていた。私はこのとき気づいていなかった。このやり取りが、後に大変な事件を巻きこしてしまうということを。

12 高額商品をガンガン販売する2つの仕組みを構築する方法

文蔵さんは大学にいっていない。頭もさほどいい方ではなかった。しかし、たぐいまれな行動力とユーモアのセンスの持ち主だった。

文蔵さんが梅子さんと出会ったときのことだ。

文蔵さんは洗剤を効率よく売るにはどうすればいいのかを、考えてみた。大勢の人が集まっているところで何か叫んで注目を集めればいいのではないか。そして、目の前で大物政治家の街頭演説が始まろうとしていた。聴衆も集まっている。

文蔵さんは街宣車の上に駆け登り、司会者のマイクを奪って、洗剤のデモンストレーションをしようと2つの容器を持ちあげて「みなさぁ〜ん」と叫んだ。

もちろん、係員に即座に取り押さえられた。係員は暴漢を羽交い絞めにし、街宣車から引きずり下した。

その街宣車には、大物政治家はまだ到着していなかったが、大物政治家の娘が乗っていた。文蔵さんの生命力あふれる青年らしさに目を見張った。ひと目惚れだった。それが梅子さんである。

文蔵さんはまっすぐな性格だったので、梅子さんが妊娠したと聞くとすぐにでも父親のところへ挨拶にいこうとした。それを梅子さんが止めた。もう堕胎できない時期になった頃に、梅子さんは文蔵さんと大物政治家の父親を会わせた。

当然のごとく父親は憮然とした態度で文蔵を結婚相手として認めなかった。梅子さんは文蔵さんよりもいくぶんか策士だった。お腹の中には文蔵さんの子どもが宿っていて、すでに堕《お》ろすことはできないことを告白し、父親の前で手をついて涙を見せると、さすがの大物政治家も態度を柔らげずにはいられなかった。そのタイミングを見はからって文蔵さんがいった。

「じゃ、結婚ってことで」

大物政治家は渋々承諾することとなった。一部上場企業を紹介するから就職して欲しいと大物政治家は懇願したが、文蔵さんは会社の設立にこだわった。梅子さんがすかさず入り込み、その代わり、大物政治家が購入した屋敷が世田谷にあるのだが、「そこに住んであげてもいいよ」と提案した。

お腹の大きくなった愛娘の姿を眺めながら、大物政治家は文蔵と梅子に転売目的で購入していた邸宅を提供したのである。現在、文蔵、梅子、雅彦、和子、沙良の5人が住んでいる家だ。


私は文蔵さんの半生を聞いて、おもしろい人だなと思った。そして、会ってみたくなった。

スカイプコンサルの時間がやってきた。いつしか文蔵さんと話す時間がやってくるのが待ち遠しくなっている自分に気づいた。沙良ちゃんの表情も心なしか明るくなっているような気もする。

「さあ、今日は、『高額商品をガンガン販売する2つの仕組みを構築する方法』についてお話ししますね」

「よろしくお願いします」

結局、ビジネスを安定させるには、高額商品を売るか、リピート商品を売るかしかない。なのに、多くの人が安い商品を売ろうとして、新規客を探しまわっている。１００円のものを１００人に売ったところで１万円にしかならないが、１万円の商品であれば１人に売ることで、同じ売り上げを達成することができる。

しかし、高額商品を売るには仕組みが必要となる。

たとえば、造園屋さん。造園というのは数百万もする高額商品だ。そんなものをチラシ１枚で注文してくれるお客様はいない。そこで仕組みが必要となる。

まず庭を持っている人を探す。次に、庭を持っている人たちが何を欲しがっているかを考える。庭の木を切るための「高枝切りばさみ」というキーワードが浮かんでくる。この商品を購入する人は間違いなく広い庭を持っている人だ。つまり、「高枝切りばさみ」を販売すると庭を持っている人のリストが集まる。このリスト集めが重要となる。

リスト集めが目的なので「高枝切りばさみ」の売値はどこよりも安くすることができる。原価が５千円で競合他社が１万円で売っているとすると、こっちは５千円以下の３千円で販売すればいい。この価格だと競合他社は追いつけない。

競合はバカじゃないかと思うかもしれない。そんなに安く売ったら倒産するぞと思うだろう。しかし、倒産はしない。「高枝切りばさみ」の販売では赤字でもいいのだ。これは広告費として見ればいい。造園の方で収益を取ればいいのだから。

つまり、集客商品と収益商品を分けて考えるということだ。これをマーケティング用語で、集客商品のことをフロントエンド、収益商品のことをバックエンドと呼ぶ。

この場合、「高枝切りばさみ」が集客商品で、「造園」が収益商品だ。ポイントは、初めの集客商品で、小さな成功体験を積んでもらって信頼を得ること。「高枝切りばさみ」が高品質ですごくいいものだったら、この人が紹介してくれた造園なら、一度試してみようかなと思うはずだ。そうすればビジネスも安定する。

「アルバムとＤＶＤの作成が収益商品だとすると、その前に集客商品を何か考えてみることです。何かありますか？」

私は誰にいうともなく尋ねた。沙良ちゃんと文蔵さんは相談し始めた。

「ちょっと考えてみます」

沙良ちゃんが答えた。

「ところで、来週、日本へ一時帰国する予定があるんですが、３人で会うことはできますか？」

「もちろんです」

文蔵さんが答えた。

13　同業者に喜ばれながらお客様をかっさらう顧客獲得法

新会社法が２００６年５月に施行された。小泉改革の一環である。旧制度では、有限会社は最低３００万円、株式会社は最低１千万円の資本金が必要だった。新制度では１円でも会社が設立できることになったのである。

安倍政権になって起業家たちへの融資制度や助成金などが整備された。文蔵さんは日本政策金融公庫の創業支援融資を受けて株式会社を設立した。納税証明書や確定申告書、住民票など必要書類を提出して申請すると、２週間後には５００万円が振り込まれた。

このお金を何に使うか迷っていたとき、闇雲に鉄砲を打っても当たらない。ちゃんと勉強してことにあたった方がいいんじゃないか、と沙良ちゃんは主張した。

思えば、ここまで文蔵さんは気合と根性でやってきた。収益などほとんどなかった。それでも生活ができたのは梅子さんの実家の支援があったからだ。いままでビジネスを学んだことはなかった。マーケティングという言葉さえ知らなかった。思いつきで行動してきただけで、ビジネスをどう構築すればいいのかまったくわからないのである。いわゆる初心者と同じだった。60歳を過ぎてやっと学ぶことの重要性に気づいた。気づかせたのは沙良ちゃんだった。まずはビジネスの基本から学ぼうよ、変化の激しい時代だからこそ本質が重要だよ、流行りのマーケティングに手を出してもすぐに時代遅れになっちゃうんだから、沙良ちゃんはそういって文蔵さんを説得した。

そして、私を探り当ててきたのだ。

今日は、文蔵さんと沙良ちゃんとミーティングする日だ。新宿の京王プラザホテルのティーラウンジで会うことになっていた。ところが、そこへいってみると、文蔵さんが近くに小さな会議室を借りているので、そこでコンサルティングの講義をして欲しいということだった。

私の講義はどれも目からウロコが落ちるものばかりで、なぜもっと早く学ぶことに意識を向けなかったのかが悔やまれるという意味のことを道々に話した。

私はホワイトボードの前に立って講義をした。

「では、今日は、３つ続けて講義しますね。まずは『同業者に喜ばれながらお客様をかっさらう顧客獲得法』をお話しします」

「どういうことだね」

文蔵さんがデスクから身を乗り出してくる。

「ちょっと常識では考えられないようなテーマですよね。競合他社のお客様というのはこちらから見たら、見込み客になるということは以前話しましたよね。つまり、競合他社のお客様にアプローチすることができれば、間違いなくビジネスを外すことはなくなります」

では、競合他社のお客様をかっさらうにはどうすればいいのか。しかも、競合他社に喜ばれて……。

たとえば、造園屋さんで、収益商品が造園、集客商品は高枝切ばさみという場合。造園業の人に「造園屋を始めました、お客様を紹介してください」といったら、「あっちへいけ」といわれるだろう。

だが、「自分は高枝切ばさみを売っている者です」といったらどうだろうか。

「御社の既存のお客様にすごくいい提案ができると思います。なぜなら、世の中で1万円で売られている商品を私は赤字覚悟で3000円で販売することができます。

なぜならば、ちょっと大量に仕入れてしまったので、単価をすごく安くすることができました。もしよかったら、御社の既存客で、お庭を持たれている方に、いい提案ができると思いますので、これ、広告させてもらえませんか？」といえばいい。

「広告を打つ余裕などない」といわれたら、「名簿だけ貸していただければ、私の方でDMの製作費も郵送料も負担します。その中に御社のチラシやニュースレターを同封することもできますよ」といえばいい。

競合の造園屋にしては嬉しい提案だ。いままで既存客をないがしろにして、連絡を一切取っていなかったところへ、タダでニュースレターを送れるわけだから、こんなに嬉しいことはないはず。だから、同業者というのは、ライバルではないのだ。同業者を味方につけた瞬間ビジネスは飛躍する。

そもそも顧客リストは誰のものでもないのだ。独り占めすることができないものを、独り占めしようとするから、盗った、盗られたという話になり、敵対してしまう。同業者はライバルではなく仲間なんだという発想になるべきだ。

「いかがですか、ライバルだという発想が捨てられますか」

私は真剣に耳を傾けている文蔵さんに質問した。

「はい。今日から、そうします」

文蔵さんは元気よく答えた。沙良ちゃんはノートにメモを取っていた。２人は優秀な学生だった。

「じゃ、ここで少し休憩しましょう」

会議室の窓に映る夏の日差しが急に雲に隠れて影を作った。

14 リストフォルダーを狙う

文蔵さんと沙良ちゃんは真剣そのものだった。このビジネスで成功してみせるという気迫のようなものが2人の瞳からみなぎっていた。沙良ちゃんの様子も以前の暗い感じではなかった。スカイプで受けた印象とは大きく違っていた。何が違うのだろう。

文蔵さんがペットボトルの水を買ってきて、「どうぞ」といって私のデスクに置いた。

「あ、ありがとうございます」

ここ1週間のうちに何かあったのかもしれない。文蔵さんと雅彦さんが喧嘩したのか、それとも、会社に大きな危機がやってきたのか。いや、違う。

文蔵さんと沙良ちゃんの間に、何か戦う同志といったような堅い絆を感じるのだ。その絆を形成しているものが何なのか、このときにはまったくわからなかった。

「では次ですね。『リストフォルダーを狙う』というビジネス思考についてお話ししていきます」

授業を再開した。

見込み客１人１人にセールスするよりも、リストフォルダーにセールスした方が効率は断然いい。リストフォルダーというのは、見込み客のリストを持っている人のことだ。ここで間違えてはいけないのが、単なるリスト持ちではなく「見込み客リスト」を持っているかどうかが重要になってくる。

たとえば、企業相手のビジネスをしているとする。その場合、１軒１軒、企業にセールスして回るよりも、企業のリストを持っているところへアプローチした方がいい。具体的には、商工会議所とか法人会とか、法人営業している保険会社とか、弁護士や税理士などだ。

子ども向けのサービスの場合はどこだろうか。保育所とか幼稚園とか幼児教育している団体とか塾とか、いろいろ考えられる。

こんな事例がある。業種は野菜の農園場。農園主は、子どもたちに無農薬の野菜を食べてもらいたいと思った。野菜嫌いな子どもは多い。幼稚園に声をかけて、子どもたちに食べさせようと考えたのだ。もちろん、ストレートに提案しても断られるだけ。

工夫が必要だ。

私とそのクライアントは知恵を出し合い、「野菜農園を体験してみませんか？」という企画を立てた。いわゆる野良仕事を子どもに体験させるのだ。それを無料で、バスから何からこちらで用意しますという提案書を幼稚園に送った。

子どもたちも普通の食卓だと野菜は食べないが、自分たちが収穫したものなら喜んで食べる。さらに、参加者へ1箱無農薬野菜をプレゼントした。参加した子どもも父兄も幼稚園側も大喜び。野菜嫌いだった子どもがどんどん食べるようになり、無農薬野菜のプレゼントに満足した家庭はその後、毎月の野菜パックの定期購入者になった。スーパーで売っている野菜の2倍もする無農薬野菜を購入してくれたのだ。

もしも、これが幼稚園でチラシを配布するだけだったらどうだろうか。おそらく、1件も定期購入者は獲得できなかっただろう。

マッサージ店の事例もある。マッサージ店の競合他社といえばたくさんある。同じマッサージ店もそうだが、接骨院や整体院、鍼灸やカイロプラクティックなども競合といえる。しかし、私と私のクライアントはもっと高い金額を取っているリストフォルダーを狙った。それは、整形外科医だった。

放射能を測定する機械を販売するクライアントもあった。このクライアントは産婦人科をリストフォルダーに設定した。産婦人科にかかっていて、これから赤ちゃんを産む人たちにとって放射能はとてつもなく大きなフラストレーションであり、痛みであるはず。そこにアプローチしたわけだ。

整形外科医と産婦人科には簡単なポスターを貼らせてもらい、チラシも置いてもらった。病院側には紹介料というかたちでお返しした。たったそれだけで、大きく売りあげが伸びたのである。

事例を話すたびに、文蔵さんは感心していた。目は少年のように輝いていた。まるで夏休みの海水浴場でキラキラ光る水平線を見るように……。

15　利益はビジネスにとって血液

「では、次は、『利益はビジネスにとって血液』というビジネス思考についてお話ししていきたいと思います」

「はい」

沙良ちゃんも文蔵さんもそろって返事をした。一言一句たりとも聞き漏らさないぞという気迫のようなものさえ感じられた。何なんだ、この2人の熱気は。

「お2人はキャッシュについて意識していますか？」

「キャッシュですか」

「下請けの業者さんにお金を支払うときに、嫌々、って思ってないですか？」

「少しくらいはあります」

文蔵さんがその先を早くいえ、といわんばかりに目をひん剥いている。

「キャッシュというのは、会社にとって血液なんです。この、血液がなくなったら人間というのはどうなりますか？　沙良ちゃん？」

「死んじゃいます」

「死んじゃいますよね。会社が倒産するというのがこのキャッシュなんですよ。自転車操業しているようなところというのは、内部留保がないから常にカツカツなんですよね。で、1つ支払いが止まったら、相手の支払いも止まってしまいます。そうすると、信用がなくなります。相手にも迷惑をかけますよね。なので、このキャッシュというのは、常に流すというのも必要なのですが、それを貯めておくのも必要だということです」

倒産しないためだけではない。チャンスがきたときにお金がなかったらどうなるか。悔しい思いを噛みしめるしかない。つまり、キャッシュがあるということは、次のチャンスを受ける権利があるということでもあるのだ。

このチャンスについて勘違いしている人が少なくない。無料でやってくるものだと思っている。そもそも無料でチャンスなんてやってこない。無料でやってくるのは、たいがい怪しかったり、詐欺のものが多い。

チャンスというものは、何かしらリスクがあるものだ。チャンスは年がら年中みんなに平等にきている。それをつかむ人とつかまない人がいるというだけなのだ。つかむ人は、リスクを取れる人である。キャッシュがあればこのチャンスをつかむことができる。

キャッシュとは血液だが、それ以上に、心の安定だったり発想を豊かにしてくれる存在だったりする。

「ですから、独立起業時はとくにキャッシュにこだわってください。初めに、『売りかけ』でやってくださいというところがあると思いますが、そういうところは断ったっていいです。まずは、キャッシュです。いいですね。では、今日の講義はこのへんで終了です」


「あの、ちょっといいですか？」

沙良ちゃんが小さく手をあげている。

「何ですか？」

「仕事って何のためにするんですか？」

沙良ちゃんは何かに挑戦するような態度でいった。いったい、何に挑戦しているのだろうか。周囲の大人たちだろうか。

父は仕事優先で帰宅時間はいつも沙良ちゃんが寝ているときだし、母親はお金にならない活動をしているが、社会に役立つ仕事をしている。そして、いつも遊んでくれていたおじいちゃんが急に会社を設立してしまった。

「文蔵さんはどう思いますか？」

私は自分の考えを話す前に文蔵さんの考えを聞いてみたくなった。

「何のために働くのかは、何のために生きるのかと同じことだとワシは思っております。ワシはたしかにいままで失敗ばかりだった。いろんな仕事をしてきたけど、ちっとも上手くいかず、財産も築けなかった。いま住んでいる家も結局は義父にもらったものだ。義父は政治家として歴史に名を残して死んでいった。北朝鮮の拉致被害者が何人か帰国できたのも義父が北とのパイプをずっと持ち続けていたからだし、石油危機のときにも義父が活躍したと聞いている。そんな大きなことはできないかもしれないが、ワシも死ぬまでに何か残せたらいいなぁと思っている」

文蔵さんはそういって沙良ちゃんの肩を抱きしめた。

「何のために生きるのか、何のために働くのか、それはその人が自分で決めることだと思います。こうあらねばならないという正解はないんです。沙良ちゃんもいまからじっくりと考えてみるといいよ」

私はそういって、愛情を込めて沙良ちゃんを見つめた。

「はい」

素直な返事だった。

「だが、この子の父親や母親は沙良のことをちっとも理解できないみたいなんじゃ。どうしたらいいものかねぇ」

文蔵さんは沙良ちゃんと見つめ合ってうなずいた。

沙良ちゃんを取り巻く家庭環境を垣間見たような気がした。両親と沙良ちゃんの間には心の交流はまったくなく沙良ちゃんはどこかで寂しい感情を抑圧していて、それを補っているのが文蔵さんと梅子さんであるかのようだ。

そして、祖父のビジネスの成功は沙良ちゃんの夢でもあるということかもしれない。

「ところで、船ヶ山先生。ワシは実績を作るために、総理大臣のＤＶＤを作ろうと思って、首相宛にダイレクトメールを送ったところじゃ。無料で制作するといっておいたので、きっとよろしく頼むといってくるはずじゃ」

文蔵さんは目を輝かせていった。青年のようなみずみずしい生命力にあふれた瞳だった。

このとき、文蔵さんは私のことを先生と呼んだ。これは、不思議なことだが、「先生」

と呼ぶ人は、成果を出しやすく「さん」と呼ぶ人は、成果が遅いことがこれまでの統計からわかっている。おそらく、「さん」と呼んでいる人は受け入れ態勢ができていないためか、自我を捨て切れないからだと私は考えている。

つまり、頭の中の古いＯＳを捨てきれず、新しいＯＳをアップグレードできないのだ。

16　報酬は先、支払いは後

私はプロモーションビデオを撮影するためにイタリア・シチリア島に滞在していた。師匠とのミーティングも兼ねた旅行である。師匠は世界を見るだけでも価値があるし、ビジネスに生かせるので、積極的に海外を見るよう私に勧めていた。

シチリア島の海辺のリゾート地がもっとも華やぐ季節で、イタリア各地からバカンス客が集まっていた。日中の太陽光線は肌を刺すような痛みを感じるが、日が落ちると適度な風があって過ごしやすかった。標高の高いタオルミーナの町は涼しくて快適な上、斜面にびっしりと並んだ白い石の家々が異国の旅情をかもし出していた。

この光景をどう言葉で表現すればいいのだろうか。いま胸に込みあげている感動がビジネスにどう役立つのか、私にはわからない。

今度、師匠に会ったら聞いてみようと思った。思ってすぐに考え直した。何でもかんでもビジネスにつなげようとする気持ちがダメなんだ。この感動を素直に味わい、いまを楽しむことを忘れてはいけない。師匠ならきっとそう答えるだろう。

正午にスカイプ通信をつないだ。日本では夜の8時である。

「それでは、今日は、『報酬は先、支払いは後』というビジネス思考についてお話ししていきたいと思います。では、よろしくお願いします」

「よろしくお願いします」

「前にもいったように、独立起業した初期段階では、とりあえずキャッシュを意識しなければいけません。まずは報酬は先にもらうように工夫してみてください。先にお金をもらわないで商品だけ先に提供する人っていますよね。支払いは後でもいいですよ、かけでもいいですよってカッコつける人がいますが、あれはやめておいた方がいいです。もちろんキャッシュがあると経営が安定するというのがあるのですが、それ

以外に心理的なものも働くんです」

しかも、先にお金をもらっていれば、新規の取引でもお金のことで心配することなく全力を発揮できる。先にもらっておくことの心理的効果は絶大だ。

サービスが終わってからお金をもらうというやり方だと、お金のことがストレスになるケースが多い。サービスを提供したけどクレームがきてお金を払わないとか、申し込んだのはいいけど、途中から払えなくなったとか、金貸しみたいに集金作業に時間がかかってしまう。メールで督促したり、電話をかけてみたり、どうしようかと迷ってみたり、関係が崩れるんじゃないかと悩んでみたり、余計なストレスがかかる。

クリエイティブなことに時間を使いたいし、サービス提供に専念したいのに、お金のストレスで頭脳も肉体も消耗していくと、マイナス思考になって悪循環のアリ地獄にはまってしまうだろう。

また、お客様からの振り込みが遅れるとやる気も低下する。1日延び、2日延び、3日延び、滞納された3日間は嫌な時間を過ごすことになる。家族やスタッフに八つ当たりするかもしれない。

その後、ちゃんと支払ってくれたとしても、この嫌な時間を過ごした3日間は戻ってこないのだ。

相手に何と思われようと、「入金があってからしかやらないよ」と腹を決めなくちゃいけない。そうじゃないと、従業員の生活費すら払えなくなってしまう。会社が金欠になったらどうしようもないのだ。

「うん、たしかにそうだな」

文蔵さんが沙良ちゃんの後ろで思わず声を漏らした。

「とにかく、お金は先、支払は後というのを忘れずに、常に会社にお金を残す。そのお金の蓄積が心の安定になる、っていうのを忘れないでください」

「なるほどね。つい、お金は後でいいですよとか、お金の話を一切しないまま仕事を始めてしまったりすることがあるけど、あれって、こちらが弱気になっているってことかもしれないなぁ」

「その通りです。いいものを提供しているんですから、堂々とお金は先払いでお願いします、といえばいいんです」

「そうですね！」

文蔵さんは力強くうなずいた。

「では、今日はこのへんで失礼いたします」

17 お客様ではなく見込み客を集める

次のスカイプコンサルでは見込み客のおさらいをした。

「見込み客の定義をもう一度おさらいしたいのですけど、覚えてますか？」

「見込み客の定義は、『お金を払う心の準備ができている』あるいは『その問題をお金を払ってでも解決したいと望んでいる』というものです。そして、見込み客には次の３つの段階があります。『１．悩んでいる』『２．解決策を探している』『３．商品を購入した経験』こんなところでしょうか」

沙良ちゃんがよどみなく答えた。頭のいい子だ。素晴らしい。

「では文蔵さん」と私は後ろに控えている文蔵さんに呼びかけた。「文蔵さんは、いままでセールスするときは１対１でしたか？」

「はい。１対１で営業しています。ときには３時間も粘ることもあります」

「1対1の営業だとストレスがたまりませんか？　断られたときなど」

「でも、営業は断られてから始まりますから、甘えたことなんかいっていられません」

文蔵さんは気合を入れて眉間にシワをよせる。まだ気合いと根性でビジネスをしようという姿勢が抜けきれていないようだ。

営業手法によって反応率が変わることを私は文蔵さんに教えた。たとえば、インターネットでセールスした場合、反応率は1％といわれている。セミナーだったら30％、対面だったら50％だ。つまり、インターネットで100人の見込み客がいたら、そのうち1人が買ってくれるという計算である。逆にいうと、99人は買わないということだ。しかし、99人に断られても別にストレスにはならない。しかし、1人に対して1人の成約を求めるとストレスになる。

どんなにトップ営業マンでも、どんなに凄腕マーケッターであっても10人中10人を成約するのは神様でない限り無理だ。中には冷やかし客もいるだろう。冷やかし客に対して3時間も営業をかけていたら時間の無駄である。

たとえば、セミナーに見込み客を集めた場合。6人集まれば30％だから2人は成約する可能性がある。今月、売りあげが２００万円欲しいとなれば、50万円の商品を４人が買ってくれればいいわけだ。つまり、６人集まるセミナーを2回やればいいことになる。１回のセミナーで決めたければ12人集めればいい。そういう計算をしていけばさほどのストレスにはならないだろう。

12人の見込み客を集めることにフォーカスすればストレスは少なくなる。

見込み客を集める方法も工夫すればいくらでもアイデアが出てくるはずだ。たとえば、モニターとして無料でやってもらった人から紹介してもらうという方法もある。その人からの紹介は成約率が高くなる。１００％の可能性だってある。そうなると、モニターになって見込み客を紹介してくれそうな人を探していけばいいのだ。これが集客の本質だ。この本質を学んで応用していけばいい。

まずは上手くいっている集客方法を見つけて、それをあきずにやり続けることだ。

文蔵さんと沙良ちゃんの場合、セミナーと紹介が上手くいっているので、この方法をとことん突きつめていくことだ。苦手を克服することを考えるよりも、得意分野を伸ばした方が絶対にいい。

もしも、他の方法で集客してみて上手くいかなかったらすぐに止めればいい。自分には合わなかったのだと思えばいいだろう。

1つの集客法をやり続けるとパターンが見えてくる。たとえば、何月にセミナーをすると反応がいいとか、何月にやったら反応が悪いとか、モニターさんへのインセンティブとしてAをプレゼンとすると紹介が増えるけどBだとちっとも紹介してもらえなかったとか、そういうものが見えてくるはず。

さらに、紹介してくれるモニターさんの共通点を見つけることも重要となる。見込み客を紹介してくれる人はどんな人か、そして、その人はどこにいるのか、どんな言葉に反応するのか、そういうことを調べるのだ。このモニターはある意味、リストフォルダーなのだから。

「目標を持つことも大事です。5人はセミナーから取る。もう5人はモニターさんからの紹介で取る。そのモニターさんもリストフォルダーになるような人を増やしていく。そうやって毎月10人の顧客を獲得するという目標を立ててみませんか？　毎月の売りあげは500万円になりますよ」

「いいね。ワシは決めたよ。毎月の売りあげ５００万円を目標にするよ」

文蔵さんが力強く沙良ちゃんの肩を抱いた。

「いいですか。逆算してみてくださいね。そのためにはセミナーに何人の見込み客を集めればいいのか、何人のモニターさんを作ればいいのかを。そして、ＤＶＤの制作体制も整えていかなければいけませんよね」

「そうだったな」

「売りあげと利益が見えてきたら、いくら広告費がかけられるかが見えてきます。広告を使うと時間が短縮できます。見込み客を基準にすると、いろんなものが見えてくるんですよね。そして、精神的ストレスもすごく小さなものになります」

「ホントですね」

「じゃ、今日はここまでにしましょう。ところで文蔵さん、総理大臣への手紙はどうなりましたか？　返事がきましたか？」

「いや、まだこんのだ」

「総理大臣がモニターになったら確かにすごい実績になりますが、もう少しレベルを下げたらいかがですか？　影響力のある人は他にもいるでしょう。テレビに出てるような有名人とか」

「いや、ワシは総理大臣にこだわりたい。手紙がダメなら電話、電話がだめならファックス、それでもダメなら」

「ダメならどうするんですか？」

「ドローンじゃ」

ドローンとはカメラつきのラジコンヘリコプターのことで、首相官邸にドローンが入り込んだことで大事件になったことがある。

「え？」

「冗談じゃよ」

文蔵さんはニヤニヤ笑うが、どこか嫌な予感がするのだった。

18 反応率が見えた瞬間、心が安定する

次のスカイプコンサルでは、「反応率が見えた瞬間、心が安定する」というビジネス思考について講義した。

前回の続きになる。文蔵さんは数字に弱いようなので釘を刺しておかねばと思ったのだ。

「反応率を意識して営業していますか？」

「いえ」

「実はですね。ビジネスというのは、新しいことをやったりすると不安がつきものだと思うんです。なんで不安なのかというと、この反応率が見えないからなんですよ」

セミナーなら30％、インターネットならば１％。この数字を覚えておけばいい。今後ネットで集客する場合、この１％を出せなかったら、文章のレベルや構成を見直す必要があるということだ。そうすると何を勉強すればいいかがわかる。そして、何が足りなくて何を補えばいいかというのもわかる。

たとえば、チラシをやるときに、１万枚ポーンとやりたいところだが、お金がなければ、まずは、自分でポストに投函していけばいい。労力を使えばいいのだ。

そこで、50件に１件でも決まれば、反応率がわかる。その段階で大々的に折込チラシをやればいい。

反応がまったくなかったからといってあきらめてはいけない。チラシの内容を変えてみるとか、地域を変えてみるとか、時期を変えてみるとか、いろいろと試してみる必要がある。反応のいいやり方を見つけたところで大々的にやればいい。

とある健康食品の事例である。この会社は、商品は同じで、切り口を変えてテストをしてみた。当初は3つの切り口で広告を流した。1つ目が「膝の痛みに効果があるよ」というメッセージ。2つ目が美白効果。3つ目は体質改善。その3つの切り口で広告を流した。結果「膝」という切り口が1番売れた。

以後、その健康食品は「膝」1本でいくことになった。

この切り口というのは商品コンセプトだが、キャッチコピーを決めるときも、テストをしてみるといいだろう。

「この反応率が見えてしまったら、極論をいうとお金が今手元になくてもお金を借りてきて広告することができるわけなんですよ。だって1万円払ったら2万円になって返ってくるってわかったら、出したいですよね。広告」

「はい」

「みんな広告を打つのが怖いのは反応率が見えないからなんです。でもそれがわかったらどうですか？　当たることがわかっている宝くじを買うようなものですよ。なので、そこはどんどん精度をあげて、もっと反応率を高めれば、後はもう広告費をどんどん突っ込むだけです」

「なるほど、ビジネスとはそうやってやるものなんだね」

文蔵さんが大きく唸った。学びを吸収していることがありありと見て取れた。

「そうです。じゃあ、今日はこのへんで」

19 無料媒体の役目

１週間後のスカイプコンサルは前回の続きで、「無料媒体の役目」を講義した。これはフェイスブックやブログなどの活用方法なので沙良ちゃんの担当かもしれない。

文蔵さんはインターネットが苦手だという。

「ブログなどもやってるみたいだけど、何のためにやってます？」

「無料で見込み客を集めるためと、このサービスのことを知ってもらうために記事を書いています」

「どのぐらいの頻度で書いているのですか？」

「1日1記事ずつ書いています」

沙良ちゃんはブログの記事をただ書いているだけだった。そこには集客に結びつける仕組みができていなかった。

まず、問い合わせメールがくるように、どこかへリンクを貼っておく必要がある。できれば、別のサーバーにメールアドレスを集めるページを作って、メルマガ登録をしてもらうといい。その後、無料講座という形で情報を出し惜しみなく公開し、信頼につなげていくのである。そのためにも、まずはブログに記事を書いて、もっと知りたければメルマガに登録してもらうという流れを作ることだ。

そのときに意識しなければいけないのが、無料媒体の役目である。何のために無料媒体を使うのかを考えてみることだ。無料媒体の役目を勘違いすると1円も稼ぐことができなくなる。

なぜかというと、役目が違うからだ。集客というのは、お金をかけるか、時間をかけるかしかないのである。

お金がない人は、ブログやフェイスブックやユーチューブなど、お金のかからないものを使って、コツコツ労力でやろうとする。ずっと労力をかけてやろうとするから儲からない。体力の限界がやってきて疲弊して終わる。

「ブログで集客できますよ」、「フェイスブックで稼げます」というセミナーやコンサルタントがいっぱい出回っているが、そのほとんどは誇大だ。実際に、無料媒体で見込み客を集めている人はいるが、時間と労力のかかる作業だということは隠しているだけなのである。

なかなか儲けることができない人は、広告を使うという概念がない。実は、儲けている人は広告をかけているだけなのだ。

たとえば、見込み客を１００人集めると１つの商品が売れるとする。しかし、無料媒体をコツコツやって１００人の見込み客を集めるのは、かなり大変だ。時間と労力がかかる。メルマガの読者が１００人いて１個も商品が売れなかったら、その読者は見込み客じゃないということだ。見込み客が１００人に達していないということである。冷やかし客も含まれた１００人ということだ。

無料媒体の役目は、ズバリ、反応率を見ることである。たとえば無料媒体の段階で100人中1人が売れたとわかれば今後は労力ではなく安心して広告を使って拡散することができるのだ。

このビジネス思考さえあれば、流行の集客に振り回されなくなる。ミクシィが全盛期だったころは、「ミクシィで集客する方法」というセミナーが流行っていた。次にきたのはフェイスブックだ。ユーチューブで稼ぐという手法も出てきた。新しい媒体は次々と登場しては消えていく。

ブログもフェイスブックもユーチューブも全部毎日更新していたら時間がいくらあっても足りない。流行を追いかけるよりも、ビジネスの本質をしっかりとつかんでおくことだ。そして、何を選ぶかは、その媒体に自分の見込み客がいるかどうかを基軸に考えれば迷うことはなくなる。

「いかがですか？　次回は広告のことをもう少し詳しく解説しますね」

「よろしくお願いいたします」

20 広告を使いブレイクを起こす

１週間が過ぎた。日本はそろそろ夏が終わる９月に入る頃だ。

沙良ちゃんと文蔵さんは、７月と８月に１回ずつセミナーをやって見込み客を集めていた。７月は８人きて２人が成約、８月は10人きて４人成約した。文蔵さんは人前で話すのが得意のようだった。

もちろん、文蔵さんはモニターを増やすことも忘れていない。同年代の飲み友だちはたくさんいた。その中から見込み客を紹介してくれそうな高齢の経営者を１本釣りで飲みに誘い、モニターにならないかと持ちかける。そしてＤＶＤを作成したら、知り合いの居酒屋に友人知人を呼んで試写会という名の飲み会を開くのだ。

この作戦で毎月３人の紹介をコンスタントにもらうことができた。

沙良ちゃんと文蔵さんのビジネスがいよいよ軌道に乗ってきた。そんな実感が湧いていた。スカイプコンサルのときも、沙良ちゃんの顔に笑顔が浮かんでいた。文蔵さんは得意満面である。

「今日は『広告を使いブレイクを起こす』というビジネス思考についてお話していきたいと思います」

「よろしくお願いいたします」

「いま、広告って使ってますか？」

「使っていません」

「ある程度、売りあげが立ってきましたので、反応率が見えてきたんじゃないですか。たとえば、セミナーに参加して成約に至った人は、どの媒体を見たんでしょうか？」

「法人会で配布されたチラシだといっていました」

「法人会でチラシを配布するにはお金がかかるんですか？」

「はい。かかります」

「それって、広告費ですよね。この3か月で300万円の売りあげがありましたよね。利益がザッと150万円。ここが重要ですよ。多くの人は、この利益を生活費とかに使っちゃうんです」

「え？　ダメなんですか？」

文蔵さんは沙良ちゃんの夏休みの思い出としてディズニーランドで遊んだというの

だ。梅子おばあさんも一緒に3人で遊んだ。他にも沙良ちゃんの大好物のマグロの寿司をわざわざ三浦半島の三崎までいって食べてきたという。

150万円の利益は、もともとなかったお金である。営業活動によって生み出したお金なのだ。それをすべて私利私欲に使ってしまうと何も残らない。幸い、まだいくらか利益が残っている。それをすべて広告費にあてるのだ。

それくらい思い切って広告を打つべきだ。そうすれば倍々ゲームでお金が増えていく。しかも、広告は時間を短縮してくれるし、労力も軽減してくれる。

そして何といっても広告は労力ではアクセスできない領域にアプローチすることができる。ブレイクスルーを起こすのは広告なのだ。

「文蔵さん！　1億円稼ぎたいですか？」

「それは、会社を作った限りは10億から100億円は売りあげる会社にしたいです」

文蔵さんはきっぱりといった。腹は決まっているようだ。

「じゃあ、1千万円の広告費出せますか？」

「いや、いまは出せないです」

「ほとんどの人は『1億円稼ぎたい』っていうけど、心の準備ができてないんですよ。

怖いですよね1千万円の広告費。みんな、無料媒体でコツコツやれば1億円稼げると思っているのですよ。だから夢って叶わないんです」

「なるほど、勇気の問題だね。そこが金持ちと貧乏人の差なんだな」

「そうです。たとえば、1万円の広告って高いと思いますか？」

「1万円はいけます」

文蔵さんが答えた。

「じゃあ、10万円の広告ってどうですか？」

「10万円もまだいけます」

「30万円の広告だったら、どうですか？」

「30万円ギリギリぐらいですかね」

「じゃあ、100万円の広告だったらどうでしょう？」

「100万円はちょっと、まだいまの段階だったら打てないです」

「いまみたいな形で、自分の中のキャパがどんどん広がっていくんですよ。ようは、広告費が売りあげに反映するんです。たとえば1万円の広告をかけて、1億円稼ぐというのは、やっぱり無理なんですよ。何でも反応率なので、1千万、2千万円かけないと、１億円というのはいかないですよね。ただ、ここでも、ネットを媒体で使っているから、それだけの反応率なのですよ。他のリアルビジネスだったら、もっと反応率は低いので、例えば、１億円稼ぐのであれば、５千万円ぐらい突っ込まないといけないかもしれません。業種業態によって変わりますけど、いずれにしても、入るお金を大きくしたければ、出すお金を大きくしなくちゃいけないということなんです」

「でも、コツコツやることも大事な気がするんだがなぁ」

「時間がもったいなくないですか？　早く稼がなかったら貯金がなくなるだけですよ。コツコツやったって、稼げないんですよ。時間ばっかりかかるんです。無料媒体や、いままでの手法を使って反応率を割り出せば、広告を打つのも怖くないはずです」

「そうでしたね」

文蔵さんは広告のことを真剣に考えるようになった。思考が変わると行動が変わる。行動が変わると人生に奇跡がもたらされる。広告を打つという発想すらなかった文蔵さんの脳がいまアップグレードされたのである。

突然、早朝に国際電話が入った。日本からだ。相手は40代くらいの男性である。その男は怒ったような声でこういった。

「年よりと子どもを騙して、詐欺みたいなことしないでください」

私の返事など聞かずに電話はきれた。

第3章

成功するための思考
このマーケティングで年収1千万円

沙良ちゃんのパパの雅彦さんは、部下や後輩たちが背中から刺したくなるくらいいけすかない人物だった。企画書を執筆する能力も事務処理能力も中学生以下だが、部下や後輩の功績を自分の手柄にして上に取り入る才能だけは天下一品だった。

雅彦さんが人生から学んだことがあるとすれば、それは、どんなことをしてでも上には可愛がられること、そしてライバルはどんなことをしても蹴落とすことだった。

雅彦さんの部下になった社員は悲惨である。雅彦さんの部下教育の主眼は、仕事をスムーズに進めることではなく、誰がボスなのかをわからせることにあった。

だから、部下に対しては常に怒りをあらわにしていた。会議で何も意見が出ないと「何かいえ！」と叱り、書類作成が遅れると「仕事が遅い！」と怒鳴り、せっかく女子社員が入れてくれたコーヒーに対しても「こんなマズいコーヒーが飲めるか」と大声を出す。

誰がボスかを部下にわからせるために叱って、怒って、脅しまくる、というのが雅彦さんの信念だった。

雅彦さんが担当している仕事は、カジノ計画の国家プロジェクトだった。総理大臣も強い関心を持っていて、海外からの観光客を増やす「千客万来計画」の根幹をなすものである。

候補地は沖縄、大阪、熱海など全国20か所以上に及んでいる。首相閣下の出席される諮問委員会の会議には雅彦さんの会社のプロジェクトリーダーが出席していた。副リーダーの雅彦さんは出席できなかった。

ところがリーダーが人を疑うことを知らない誠実な男だったことが雅彦さんに幸運をもたらした。

諮問委員会の会議の日である。リーダーが腹痛で会議に出席できなくなってしまったのだ。代理は副リーダーである雅彦さんが務めることになり、本当のリーダーは朝のコーヒーによからぬ薬品を盛った張本人に向かって「ありがとう。君がいてくれて助かったよ」と頭を下げたのである。

それ以降、会議の日は決まってリーダーは腹痛になった。もちろん、雅彦さんのことを疑うどころか、心から感謝するのだった。

というわけで、雅彦さんの仕事はすこぶる順調だった。銀座や六本木での接待で家に帰る時間が遅くなっても平気だった。

雅彦さんにとって家族なんてお荷物以外の何ものでもないのだから。家族に対していつも雅彦さんが抱いている感情は、誰が１番お金を稼いでいるのか、誰のおかげでぬくぬくと暮らせているのか、それを家族にわからせることだった。それを理解できない家族など目障りなだけだった。

とくに文蔵さんが始めたビジネスが売りあげをあげ始めたことが目障り極まりなかった。

21　売りあげを構成している３つの要素

「では、今日は、『売りあげを構成している３つの要素』についてお話していきたいと思います」

「よろしくお願いいたします」

「突然ですが、今の売りあげを倍にして下さいといわれたら、できそうですか？」

「お客様を沢山集めなきゃいけませんね」

沙良ちゃんが困惑したような表情を浮かべた。


私は1週間前に奇妙な電話がきたことは2人には内緒にしておこうと思った。おそらく雅彦さんだろうと予想はつくが、まだ、雅彦さんが犯人だという確証がないからだ。


「お客様を2倍にすれば売りあげも2倍になるという考えですか？」

「はい」

「ただ、それって、現状から考えたらかなり難しくないですか？」

「そうですね。難しいです」

単純にお客様を倍にするには、広告費がそれ以上にかかる。もちろん売りあげもあがるが、その分利益が減ってしまう。かなり大変そうだということは小学生にもわかるだろう。

ではどうすればいいのか？

まず売りあげの要素を考えることだ。その要素は３つある。１つ目が単価。２つ目が人数。３つ目が回数だ。

単価というのは商品単価。人数というのは、お客様の数。回数というのは、お客様がリピートして何回も買ってくれるということだ。これを分解して３つに割り振ると売りあげを2倍にするというのが難しくなくなるのである。

たとえば、単価が1、人数が1、回数が1という状況だったとする。それをそれぞれ１・３にするとどうなるか。単価が１００円だったものを１３０円にすればいい。人数は１・３人にする。リピート回数も１・３回に増やす。そうすれば、合計で2倍の売りあげになる。１・３×１・３×１・３になっただけだが、心理的なハードルが下がる。

次は、１つずつ施策を考えていけばいい。商品単価をあげるにはどうすればいいのか、特典をつけることもできるし、切り口を変えてみたり、商品を改善してみたり、工夫することだ。

お客様の人数も広告の打ち方を変えてみたり、市場を変えてみたり試行錯誤する必要があるだろう。回数を増やす方法としてはポイントカードや回数券、既存客へのアプローチを考えることだ。

「売りあげを2倍にするぞ」と漠然と考えていると、すごく難しいように感じるが、実は、この3つに分散して考えるとやるべきことが見えてくる。


「いかがですか？　私からのアドバイスを待ってるだけじゃなくて、自分たちでも売りあげを2倍にする方法を考えてみてくださいね」

「はい」

「何でもいいのでアイデアが浮かんだら教えてください」

「はい」

沙良ちゃんと文蔵さんがそろって返事をした。

22 仕入れる前にサンプルでテスト販売する

「なんで、いままで気づかなかったんだろう。ビジネスの本質についてもっと勉強しておけばよかったとつくづく思うんですよね。船ヶ山先生」

私が会議室に入るなり、文蔵さんはいう。

「学ぶのに遅い早いはありません。気づいたときが学ぶときです」

「そうですね」

「あの……」

沙良ちゃんが申し訳なさそうに私を見あげる。

「どうかしたの」

「私たち船ヶ山先生に迷惑かけていませんか？」

「迷惑だなんて、思っていないよ」

「ならいいんですけど……」

もしかして沙良ちゃんは、父親が私にかけてくる怪電話のことをいっているのかと思ったが、私はとっさに知らないフリをした。

「じゃあ、講義を始めましょうか。まずは、『仕入れる前にサンプルでテスト販売する』というビジネス思考についてお話したいと思います。最初のお客様というのはどうですか？　サンプルは作りました？」

「サンプル、作ってないですね。いきなり商品の概要を説明して、購入していただいて、一緒にゼロから作っていったという感じです」

文蔵さんが張り切って答えた。

「それはラッキーですね。モニターさんもなしに、お客様がいきなりお金を払ってくれたのですよね。ほとんどの人は実績がどうとか、どんなものができあがるのか見せろとか、いろいろいってくるものです」


たとえば、物販をやる場合、ほとんどの人が商品を仕入れて売る。そのときに、上手くいかない人は、いきなり大きなお金をかけて商品開発して、やっとできた。売りましょう。そして、ああ、売れない在庫を抱えてどうしよう。支払いだけが残り、倒産する、という憂き目に遭う。

ビジネスの本質を知っている人はそんなヘマはやらない。仕入れる前に先に売ることを考える。これをマーケティング用語で「ドライテスト」という。

それをやらないと、ビジネスが当たるかどうかなんてわからないではないか。ビジネスが上手な人はギャンブルはしないのだ。

物販する場合だったら、まずはサンプルで1、2個譲ってもらう。無料でもらえるはずだ。多少お金がかかったとしても買えばいい。それをまず、テストで販売するのだ。そうすると反応率が見えてくる。

100人の見込み客に案内を流して、1個売れたとすると、まず売れるかどうかという分別がつく。そしたら、いきなり大きく仕入れるのではなくて、今度は5個とか10個とかもうちょっとだけ多く仕入れる。仕入れたものが売れたら今度は50個でも100個でも仕入れればいい。

それをやらずに、いきなり売れるかどうかもわからないものを大量に仕入れたりすると大失敗する。これはビジネスの基本だ。

商品も何もないのに先に広告を打った経営者もいる。テスト基盤を制作する会社でのことだ。テスト基盤ができあがるのに通常は2ヵ月から3ヵ月かかる。メーカーにしてみればこの期間の長さがフラストレーションになると考えたテスト基盤の会社の社長は「2週間で仕あげます。ただし価格10倍」という新聞広告を打ったのだ。

すると、たくさん発注がきた。それから大慌てでできる業者を探したりラインを整備したりして間に合わせた。ビジネスが上手な人はこういうやり方をする。

ユダヤ人のことわざにもある。

「お客を先に見つけてから商品を探せ」

昔、ユダヤ人が道ゆく人に「街で1番頑丈な靴はいらないかね」と声をかけた。通行人が「買ってあげるよ」といったら、先にお金をもらって「納品は明日だ」といい、一晩中街を走り回って街で1番頑丈な靴を探したという話だ。

この発想が重要なのだ。

「いかがですか。ビジネスの本質が見えてきましたか。それでは、少し休憩しましょう」

23 見込み客の現実を把握した上で解決策を商品化する

「では講義を再開しましょう。次は、『見込み客の現実を把握した上で解決策を商品化する』というお話をしていきたいと思います」

「よろしくお願いします」

「文蔵さんは、見込み客の現実を常に把握していますか？」

「はい。最近は先生に教えられてから、見込み客や既存客の悩みとか願望とか、フラストレーションとか聞くようにしています」

「文蔵さんのお客様というのは、どんな願望を持ったり、どんな痛みだったりフラストレーションを抱えているのでしょうか？」

「経営者さんが多いので、自分の生きざまを形に残しておきたいとか、仕事を継ぐ息子さんや、従業員、スタッフに自分の考えを何らかの形で残したいという思いが強いと思います」

「思います、だったらいけないんですよ。結局その見込み客とか、既存客に聞いて、その願望を叶えるのが商品なんです。思いますというのは結局自分の考えじゃないですか。そうするとまた、エゴを満たした自分だけの商品を作る羽目になります。そうすると売れなくなります。もっと深く聞いて欲しいんですよ」

私は少し強い口調でいった。どうしても、このことは理解して行動に移して欲しかった。

この見込み客の現実というのは常に追う必要があるのだ。

私の失敗事例を出そう。私の商品は経営コンサルだ。以前、社長さんばっかり集まるメルマガに号外広告を出した。これは大変なことが起きると思った。経営者ばかりが読んでいるメルマガだから、ものすごい数の申し込みがくるぞと思ったのである。

ところが結果は無惨なものだった。

結局、見込み客のリストじゃなかったらお金にはならないのだ。コンサルを受けた経験のある人だったり、高額な教材を買ったり、高額なセミナーにいっている人が私の見込み客である。コンサルを使うという文化がない人からしてみれば、コンサルに対して下手したら怪しいと思っているに違いないのだ。怪しいと思っている人が見込み客になる可能性はゼロに等しい。

なのに、私は「ターゲットは社長さんだ。社長さんが読んでいるメルマガに広告を打てば反響があるだろう」と安易に考えていたのだ。

結局、1円にもならなかった。高い勉強代だった。つまり、私は見込み客の現実をちっとも把握していなかったのである。

それから私は、見込み客の現実を常に考えるようになった。とくに「願望」、「結果」、「フラストレーション」、「悩み」、「痛み」。この5項目をありとあらゆる角度から聴くようになった。そして、共通点を見つけていく。共通点の中から浮かんでくるキーワードが切り口となり、メッセージとなる。

「ですから、見込み客の現実を、常に追うというのを忘れずに取り組んでみてください」

「はい」

「それでは、ここでトイレ休憩を取りましょう」

24 商品に固執した瞬間売れない罠にハマる

休憩中も沙良ちゃんは熱心にノートを取っていた。ビジネスを楽しんでいるというよりも、必死になっているような雰囲気があった。どこか焦っているようにも見える。いったい、何をそう焦っているのだろうか。沙良ちゃんの小さな肩に、とてつもなく大きな重石がのしかかっているような気がした。

文蔵さんがトイレから戻ってくる。

「船ヶ山先生、あんたはすごい。ホントにすごい。若いのによう勉強されてる。感心したよ」

文蔵さんは私の肩を嬉しそうにポンポンと軽く叩いた。

「では、授業を再開しましょうか。次は、『商品に固執した瞬間売れない罠にハマる』というビジネス思考についてお話ししていきたいと思います」

商品にこだわりすぎると罠にハマるということなのだが、ここで間違えてはいけない。決して、適当な商品を作ればいいというわけではない。最高の商品を作った上で固執しないということだ。

「最高の商品は、ずっと作り続けてもらいたいのです！」

私はここを強調した。繰り返し強調しておかなければ、この先の話を勘違いしてしまうからだ。ビジネスが上手くいかない人はみんなこの罠にはまっている。そういう人は、常に商品名を出す。そして、その商品を多くの人に広げたいという。

しかし、その商品は売れていない。なぜか？　それは自分の商品は最高だと固執しているからだ。

そもそもお客様は、商品なんか欲しくないのだということを忘れている。何度もいうが、お客様は、自分の願望だったり悩みだったりが解決できれば、それでいいのだ。ただ、叶わないから、仕方なしに商品を購入しているに過ぎないのである。無料で叶うのであれば、無料に越したことはない。お客様はそういう感覚なのだ。

「文蔵さんの商品は、お客様のどんな願望を叶えていますか？」

「これは船ヶ山先生のご指導のおかげで軌道修正したのですが、お客様が長年培ってきたノウハウを小冊子とＤＶＤにして、後継者やスタッフ、同業者らに残すという願望です」

「素晴らしい。そういう発想です。では、逆に考えてみてください。ノウハウが残せればその商品は必要ないですよね。その視点を持つことです」

「肝に銘じます」

「そしたら、次は、効果、効能を見てお客様にアプローチしていきます」

「効果、効能？」

文蔵さんはキョトンとして聞き返した。

1つの事例で説明しよう。ある会社の倉庫にアルカリイオン水の在庫があった。メーカーが作っているものなので、品質がよくて最高の商品である。

ただ、それだけでは売れなかった。「有名なメーカーが作った高品質のアルカリイオン水だよ」というメッセージでは消費者の心に響かない。

そこで、アルカリイオン水の効果効能を見た。アルカリイオン水には、洗浄、消臭、殺菌という効果効能があることがわかった。ということは、洗浄、消臭、殺菌に興味がある人、関心がある人を集めればいいわけだ。

次に洗浄、消臭、殺菌で困っている人はどんな人かを考えてみた。浮かびあがってきたのが猫を飼っている人だ。猫はなかなかお風呂に入れない。しかしお風呂に入れないと汚くなる。ここに需要がないかと考えたのだ。

さらに、赤ちゃん。赤ちゃんは肌が弱いから、洗剤を使って洗うことができない。ここにも需要があるのではないかと考えてみた。ところが、猫にしても、赤ちゃんにしても、フラストレーションは小さいし、悩みも小さい。もっと大きなフラストレーションはないかと考えたのだ。

そこで浮かんできたのが、「足のニオイ」だ。足のニオイで困っている人はいっぱいいる。水虫に悩む男性もそうだが、女性もブーツを履くと足のニオイが結構気になるものだ。

これは人にもいえないし、かなりのフラストレーションを抱えているはず。そう考えた。このまま根拠なく突き進むのはギャンブルと変わらない。しかしいまの時代、インターネットが需要を無料で教えてくれる。キーワード検索の頻度を調べればいいだけ。その結果、予想は的中し「足のニオイ」で検索している人は、かなりの数があった。

そこを狙うことにした。ただ、足のニオイとアルカリイオン水をつなげるためにはもっともらしい動線が必要になる。そこで考えたシナリオはこうだ。

そもそも足のニオイとは体臭ではない。靴やブーツなどの密閉された環境が菌を増殖させ腐食臭を発生させる。いわゆる菌の「おなら」のことだ。だから、お風呂でゴシゴシ足を石鹸で洗ってもニオイが落ちないのは、菌は水や石鹸では落ちることはないからだ。

ただ逆にいえば、この菌を死滅させることができれば、ニオイはなくなる。それを叶えてくれるのが、アルカリイオン水というわけだ。このような動線で説明されると、足のニオイに困っている人は欲しくなる。

こうやって商品を売っていくのだ。

「俺の商品最高だ」といっても、何に使っていいのかわからないし、どういう用途で使えばいいのかもわからない、それが、どんな効果を与えるのかもわからない。

そもそも商品自体に価値はない。なぜなら、お客様の願望だったり、結果、フラストレーション、悩みの解決策で、この商品の位置づけがあるからだ。

どのメッセージで訴求するかによって、商品の売れゆきが変わってしまう。商品に固執してしまうと、売れない罠にハマり、こうした発想が生まれなくなる。商品ではなく、結果にフォーカスしない限り、商品が売れなくて苦しむだけだ。

だから商品に固執するのではなくて、見込み客の現実にフォーカスして、どんな願望があるのか？　どんな結果があるのか？　どんなフラストレーション、どんな悩み、どんな痛みがあるのか、というのを常に追いかけて、その解決策に自分の商品がなり得ないのか？　という視点を持って商品を開発し改善していけばいい。

25 コンセプト次第で、石ころですら売れる

次は、「コンセプト次第で、石ころですら売れる」というビジネス思考について講義した。

コンセプトというのは、どういう切り口でアプローチするかということだ。売れないものも売れてしまうというおもしろい事例がある。コンセプトを決めてしまえば、そこら辺に落ちている石ころですら売れるというエピソードだ。

1975年のクリスマス商戦でのこと。「ペットロック」という商品が約6億7400万円の売りあげを叩き出したのである。

どういうふうに売ったかというと単純明快。石ころに目玉をつけただけなのである。

そこには、消費者のどんな悩みがあったかというと、家でペットを飼えない人達がいたのだ。当時はマンションでペットを飼ってはいけないというところばかりだった。

だから、そこにペットを飼いたいけど飼えないというフラストレーションが生まれ

た。そのフラストレーションの解決策としてこの石ころが出てきたのだ。

しかも、石だから餌はあげなくていい。目玉がついていてペットみたいな感じがする。そういうコンセプトで作ったから箱もおもしろい工夫がしてあった。石が呼吸できるように穴が開いていたのだ。

ブームはすぐに終わったが世界中で500万個以上も売れたという。


たとえば、「野菜、1日これ1本」というのも、コンセプト勝ちした商品だといえる。ダイソンの「吸引力の変わらないただ1つの掃除機」というコンセプトも秀逸だ。

コンセプトを見つけるコツは2つある。

まず1つは、効果・効能を考えることだ。そこから逆算してコンセプトを作っていくという方法。

もう1つは、お客様の関心事や興味の一部分だけをピックアップしてそこにフォーカスを当てることだ。車でも「安全」というところだけフォーカスしてアピールしたり、「登攀力《とうはんりょく》（急な坂道を登る力）」にフォーカスするなど、それ以外の燃費やスピードは度外視してしまうという方法である。

コンセプトとは、光る部分にだけスポットライトをあてるってことだ。あれもこれも、こんなことも、あんなこともできますよというんじゃなくて、１つに絞る勇気が必要だということでもある。

お客様は１つの願望が叶えばそれでいいのだ。１つの願望も叶えてくれない人の話を聞くわけがないのである。販売者は、あれもできるこれもできる、こんな機能がいっぱいついているといいたいものだ。しかし、そうすると売れなくなる。

携帯だって、いろんな機能がついているが、そのほとんどは使っていないはずだ。逆にいうと、ユーザーが関心のあるその１個ができれば、その他の機能はおまけでしかなくなるということだ。

「文蔵さんと沙良ちゃんも、じっくりと時間を取って、自分たちの商品のコンセプトを考えてみてください」

「では、今日は、このへんにしておきましょう」

文蔵さんが予約していた会議室は明日も取ってあるという。明日は、朝から講義をすることになっていた。

その日の夜、私は六本木のハイアットに泊まった。深夜1時に電話がかかってきた。家族からかもしれないので、飛び起きた。携帯の画面を見ると、これまで数回かかってきたことのある怪電話の番号だった。

「あんたのちっぽけな会社をつぶすことなんて、簡単なんだぞ」

男はドスを聞かせた声でいった。

「雅彦さんですよね」と私はいってみた。相手は沈黙した。「あなた、仕事を楽しんでますか？」私はそんな質問をしてみた。しばらく沈黙。そして、電話は切れた。

26 短期的欲求を狙う

翌朝、会議室へいくと沙良ちゃんと文蔵さんはすでに机に座っていた。やる気満々である。この2人のモチベーションはいったいどこからやってくるのだろう。大好きな祖父のビジネスを孫娘が手伝っているという構図だが、そこには何かもっと大きなモチベーションの種があるような気がしてならなかった。

文蔵さんの夢はビジネスで成功することだ。その夢を沙良ちゃんは応援している。ただ、２人はどこか焦っているように見える。一刻も早く成功して雅彦さんをギャフンといわせたいのかもしれない。

いや、そんな目標を２人が共有しているようには思えなかった。核心はもっと他にあるような気がする。

「では、今日は、『短期的欲求を狙う』というビジネス思考についてお話ししていきたいと思います」

「よろしくお願いします」

「短期的欲求を狙うと、おもしろいように商品が売れていくんです」

「そうなんですか」

文蔵さんが思わず声をあげる。

人間には3つの脳が存在している。まずは、人間脳。これが理性を持った部分だ。そして哺乳類脳。これが感情を司《つかさど》るところ。最後に爬虫類脳。これが短期的欲求である。

理性にいくら訴えても商品は売れない。感情でものを買って理性で正当化するとよくいわれているが、そもそも考えている脳が違うのだ。大事なのはその先の脳。短期的欲求である。

トカゲはハエが飛んでくると反射的にパクって食べちゃう。本能的にやっていることだ。いちいち考えながら食べていない。人間の頭にも太古の昔からこの爬虫類脳が残っている。人間はここを刺激されると我慢できなくなる。そういうスイッチがあるのだ。それが短期的欲求である。

この商品で何が短期的欲求になるのかを常に考えること。短期的欲求を見つけるには、これまで話したことと同様に見込み客の現実を知って、その共通点探しをする。その中でフラストレーションや痛みの強いものを見つければいい。

たとえば、健康食品で「体質改善ができる」というコンセプトだとフラストレーションは、さほど大きくないので売れないだろう。体質改善といってもいろいろあって、フォーカスしきれていないのだ。

慢性肩こりで困っている人がいるとする。その肩こりを放っておくとどうなるか。頭痛が起こったり、手がしびれてくる。この「手のしびれ」は強い短期的欲求だといえる。

手がしびれている人に「体質改善しましょう」といっても響かない。だから、ここで「慢性肩こりが手のしびれを引き起こす」という強いメッセージにする必要がある。

実際に手がしびれている人にとっては、頸動脈が切れて、血がどぼどぼ流れている状態だといえる。そういう状態の人に「止血剤いりますか？」といえば、飛びついてくる。全財産払ってもいいから、この血を止めて下さいというはずだ。

つまり、その人の中の短期的欲求を探すことだ。そして、その痛みやフラストレーションが大きければ大きいほど金額が高く取れるということなのだ。

「ここで、もう１つ大切なポイントがあります」

「何でしょう、先生」

文蔵さんは喰らいついてくる。

「新規客は、既存客とは違う特殊な考え方を持っているってことです」

新規客というのは、現状を変えたくないと思っている。

たとえば、いまダイエットに取り組んでいるとしたら、よほどのことがない限りいまの取り組みを変えようとはしない。それは新しいことを覚えるのが面倒くさいからだ。

新しいことをやってそれが上手くいかなかったときのリスクも考えてしまうだろう。新規客はできるだけ簡単に人生を変えたいと思っているのだ。だから、簡単そうに見せてあげる必要がある。

新規客相手に難しい商品は売れない。「難しい」＝「面倒くさい」＝「いまのままでいいや」という流れになるからだ。新規客に対しては、「簡単だ」＝「これなら自分にもできるかも」＝「やってみようかな」と思わせなくてはならない。

そのためには、簡単にできる仕組みを作ればいい。本質としては、お客様がやる手間をこちらで引き受けてあげるという考え方だ。ノウハウを作成するときも、テンプレートを作ってあげてその穴あき部分に言葉を入れるだけで完成するという簡単なものを作るとか、ＤＶＤ制作でも台本を読みあげるだけでＯＫとか、とにかく単純明快で簡単でなくてはならない。

27 完璧な商品はない

「では、どんどんいきましょう。次は『完璧な商品はない』というビジネス思考についてお話しします。沙良ちゃんは、この世の中には完璧な商品がいっぱいあると思いますか？」

「完璧に近いものはあると思いますけど、完璧な商品はないと思います」

「素晴らしい答えです」

私は軽く拍手をして、沙良ちゃんを祝福した。

すると、文蔵さんは涙を浮かべて激しく拍手をする。激情型の性格の文蔵さんには沙良ちゃんの優秀な姿に涙腺が崩壊するのだろう。

大手の自動車メーカーの車とか、多国籍企業のコンピュータなどでも必ず欠陥がある。車の場合はリコールがある。パソコンもバージョンアップという名のバグフィックスをやっている。

大企業でさえ、リリースした段階ではわからなかった問題が次々と見つかるということもあるのだ。なのに、独立起業したばかりの人やまだビジネスを始めていない人たちは完璧な商品を作りあげようとする。完璧にしないと世の中に出しちゃいけないと勘違いしているのだ。

もちろん、最高の商品を出す必要はある。しかし、どこまでいっても完璧はないということを肝に銘じておくべきだ。期限を区切って期限の中で最高の商品を出すと考えればいい。完璧にこだわっている限り、行動が止まってしまうし、いつまでたっても商品をリリースできないだろう。

「完璧」が「いい訳」になっている人もいる。公開することへの恐怖があるのかもしれない。完璧じゃないものを世に出して笑われないだろうか、お叱りを受けるのではないか、そんな不安もあるかもしれない。これが独立起業する人の大きな罠だといえる。

独立起業する初心者を陥れる罠は他にもある。低額商品を売ろうとする傾向だ。まだ自分に自信がないからどうしても低額の商品に固執してしまうのだ。どんな企業でも、高額商品かリピート商品を販売しなければつぶれてしまう。そのことに目を背けて単価の安いものを売ってキャッシュが回らなくなるのである。

もう１つ、独立起業を始める人がハマってしまう罠がある。それは代理店だ。いい商品を代理店契約して販売すれば手っ取り早いというのはわかる。

しかし、そもそも代理店を募集しているような商品には手を出さない方がいい。売れないから代理店を募集しているのだから。本当に売れてガンガン儲かるものだったら代理店なんて募集する必要はないのだ。

代理店を募集して売ろうとするのは営業力がないからだ。営業力というのは、セールストークが上手いとか、足を使ってよく動くという問題ではない。営業の本質は顧客リストを持っているかどうかだ。

私と師匠が海外でプロモーションビデオを撮影しているのは、見込み客リストを増やすためだ。インターネット上で撮影したビデオを公開して、興味のある人にメールアドレスを登録してもらっている。見込み客リストの獲得にはお金と時間を惜しまない。

ただし、反応率がある程度出せるようになってからでないと、広告費を失う可能性があるので、段階を踏むことを忘れてはいけない。

28 フロントエンドはバックエンドのリアルセールスレター

「次は、『フロントエンドはバックエンドのリアルセールスレター』というビジネス思考についてお話しします」

「よろしくお願いいたします」

「文蔵さんのいまの収益源は、50万円のノウハウ小冊子とDVD制作ですよね。このパッケージ商品の前のフロントエンドにあたる集客商品って何かありますか？」

「集客商品は、3000円のセミナーにきていただいて、私が2時間話して次へとすすめています」

「たとえば、今、3000円のセミナーっていわれたじゃないですか。それ以外に低単価のフロントエンド商品ってありますか？」

「今のところはないです」

「2時間3000円の1回こっきりのセミナーだったら、信用がまだ薄いですよね。もっと文蔵さんに触れてもらわなければ見込み客は顧客になりませんよね」

「そうですね」

「たとえば、そのセミナーをＤＶＤにして５００円とか１０００円とかの低価格で販売したらどうでしょうか？」

「それはいいアイデアですね」

「まずは安い商品を買ってもらって、そこで関係を作って徐々に育てるというイメージです。そうすると、フロントの段階でバックエンドの商品をちょっとずつ紹介することもできます。安い単価の商品を作って、そこでちょっとずつ商品提供しながら種まきをするという感じです」

「なるほど、種まきですか」

「なぜかというと、初めは信用がなくてお客様は不安なんですよね。あなたの商品を試しに購入してみて、どんなものか見ているんです」

「そこで、ちょっとびっくりするくらいいいものを提供すればいいんですね」

「そうです。セールスは初めに会った瞬間からスタートしているんです。ここでのポイントは、フロントエンド商品がバックエンドのセールスレターになっているんだよってことです。それを常に意識しながら、商品構成を考えてもらいたいんですよ。ただ、これは売り込むっていうことではないんですよね。売り込みをやると失敗します。そうではなくて種まきをするだけなんですよ」

たとえば、外壁塗装の事例。

外壁塗装をし終わったら無料点検をつけてあげればいい。3ヵ月間1ヵ月毎にサービスで無料点検をつけますといえば、3ヵ月で3回の営業チャンスがあることになる。相手からしてみれば、なんて親切な会社なんだと思うだろう。無料で3回も点検してくれるなんてと信用度もあがる。

営業チャンスを手に入れてからが重要となる。外壁塗装の点検の後、別のところも塗装させてくださいと新しい商品をいきなり売り込んでしまうと失敗する。「あ、いや、そんなつもりないです」と拒否されるだろう。

そんなときは穴を見つけて、そこを教えてあげればいい。たとえば「初めに塗ったときは気づきませんでしたけど、すごい西日が強いんですね」と教えてあげる。一度、外壁塗装をやってもらった業者なので、素直に聞いてくれる。

そこで「ここってすごく西日が強いので塗装が他の所より剥げるのが早いかもしれ

ませんよ」と穴を教えてあげる。そうすると専門家からのアドバイスだと思って素直に聞いてくれる。

そうしたら「この端っこだけ、西日対応の塗料塗っておきますね」といって帰る。1ヵ月経ってまたくる。そうすると、塗ったところと、それ以外が変色して見える。「お母さんちょっときて見てください。これだけ差が出ました」という。別に何も売り込んでいない。しかし、西日があたる外壁をすべて塗って欲しいと思うはず。

「買って下さい」とはひとこともいっていない。いってないけど、穴を教えてあげた。

「西日が強いですよ、だからここ変色するかもしれませんよ」という穴を。

そして、その解決策も教えてあげた。「ちょっとここサンプルで塗っておきますね」と証拠提示をしたわけだ。このように、フロントエンド商品や無料サービスで、バックエンドにつなげることができる。

「ですから、こういった視点を持って、フロントエンドは何がいいのか、考えてみることです。ただ、フロントエンドっていうのは1個である必要はないんです。ここでポイントなのが、バックエンドベースで考えることです。バックエンドに関連がある人をフロントで集めるという考えなので、フロントは何個あってもいいんです」

「フロントエンド商品でバックエンドにつながる人を集めていれば、バックエンドがどんどん売れていくってことですね」

「フロントで集まった人には、最高の商品を提供してあげて売らずに売るという策を入れながらバックエンドの魅力をどんどん引き立てる。そういう考えでビジネスを構築していくと、どんどんお客様が増えて大きなビジネスになっていきますよ」

「なるほど」

「では、午前中はここまで。お昼にしましょう」


近くの寿司屋にいった。沙良ちゃんはお寿司が大好物で、とくにマグロが好きなことがわかった。マグロにはちょっとうるさかった。マグロ漁船の基地になっている港といえば、神奈川県三浦市の三崎港である。そこには三浦市が誇る超低温冷凍庫があり、常にマイナス60度に保たれていて、セリを待つマグロが綺麗に箱づめされている。

セリでは体重を計ったマグロが一列に整列する。解凍されたマグロの尻尾は切り落とされていて、仲買人たちはその切り口を見ておいしいマグロかどうかを見極める。

そんなことを沙良ちゃんはお寿司を食べながら説明してくれた。

沙良ちゃんがおいしそうに食べるものだから、私もついマグロを食べ過ぎてしまった。

29　２つの収益体系

ランチを終えて、３人で会議室に戻った。

「では、次は、『２つの収益体系』というビジネス思考についてお話ししていきたいと思います」

「よろしくお願いします」

「サラリーマンは、ほとんどが固定給で、毎月安定してお金が入ってきます。ところが、経営者になると、その感覚が根底から変わります。毎月収入が無いとビジネスがつぶれちゃうような気がするものです。ゼロの月があると、もうやっていけないんじゃないかという恐怖に陥ることもあります」

「それは常にあるなぁ」

文蔵さんはしみじみという。

「毎月安定的にお金が入ってくるというビジネスモデルは、意図的に作らないと構築できません」

「どうすれば売りあげが安定するんですか？」

「まずは2つの収益体系で考える必要があります。わかりやすいのが継続課金モデルです。月額制のモデルですね。たとえば私がコンサルでやっているのがまさにそうです。一括払いの方もいますけど月額課金でずっとやってる人もいます。そうすると継続課金なのでビジネスが安定するんですよ」

「もう1つは何ですか？」

「それは臨時収入です。たとえば、2ヵ月に1回プロモーションを行うと、売りあげがそのたびにあがります。そうすると継続課金を保ちつつ次の施策を考えて売りあげをどーんとあげることができるんです」

「なるほど、継続課金で収入を安定させておいて、臨時収入としてのプロモーションをやるわけですね」

「その通り。文蔵さんのビジネスって、残念ながらいまは臨時収入しかないですよね。私みたいに会員制のモデルを取り入れてもいいですし、何でもいいとは思うんですけど、ただ、2つの収益体系があるということを視野に入れておくといいです」
「会員制か、どんなことが考えられるだろう？」
文蔵さんは頭を抱えて考え出した。
「以前、私は特別講師として、ある会員制のところへ招かれて対談したことがありま
す。その会社の仕組みがおもしろくて、シルバーコースとゴールドコースと分けてい
るんですよ。私はここで対談音声を2本取ってきたんですけど、シルバーコースの人
向けの内容とゴールドコースの内容と違うものを収録したんです。シルバーコースの
最後に、『じゃあこの後はゴールドコース向けにもっと深い内容で話していきます』
というふうにその人がいうんですよ。ということは、ゴールドコースの人はもっと深
い内容の話が聞けるんだって思いますよね。そうするとこのシルバーコースに入って
いる人がお金に余裕ができたり、もっとその人のファンになったりしたらゴールド
コースにバージョアップしてくれますよね」
「なるほど、上手いやり方ですね」
「つまり、本命商品を売りたいのであれば、ちょいちょい種まきをしてあげる必要が
あるんですよ。穴を見つけて塞ぐでもいいですし、もしくは次の商品にこんなものも

ありますよっていうのを教えてあげるのでもいい。常に訴求していかなければいけません。それをやっていないのは単なる怠慢です」

ただ、多くの販売者は1回告知したから、お客様には伝わっただろうと思い込んでしまうが、たいていのお客様は、その案内を見てすらいない。だから、本当に伝えたいものであれば、何度も繰り返す必要がある。なぜなら、お客様は販売者が考えているほど、商品に対して関心を持っていないからだ。

「なるほど」

「とにかく2つの収益体系を構築することを考えてみてください。これはビジネスの基本です。特に継続課金システムは必須です。これが構築できれば生活が安定しますし、ビジネスの基盤を作ることもできます」

「そうなんですね。わかりました」

30 種まきが３ヵ月後を決める

「次は、『種まきが３ヵ月後を決める』というビジネス思考についてお話ししていきます」

「種まきというのは、先ほど船ヶ山先生がいわれたようなことですか？」

文蔵さんはすっかり学生になったような感じでいった。

「この種まきというのは、営業行為、見込み客集めってことなんですけど、何をどうまくかというのが重要になってきます。コンセプトだったり、短期的欲求だったり、そういうものがなくて種を作ってしまうと、いくら大量にまいても反応ゼロということになりかねません」

「そうですよね」

「種まき用の仕組みを作って欲しいんです。種として使うものを作り、それを使ってテストをして、反応率を測定し広告で拡大します。そういう仕組みを作って常に種をまくんです」

「早くそういうものを構築したいです」

文蔵さんは熱心に私を見つめる。沙良ちゃんも燃えるような目を私に向けている。

「私がなぜ種まきを強調するかというと、3ヵ月後に影響してくるからなんです。多くの人が仕事が忙しくなると種まきのことを忘れてしまうんです。種まきを辞めてしまうとどうなるかというと、3ヵ月後は仕事がなくなってしまいます。そうなると3ヵ月後は地獄ですよ。ですから、忙しくなればなるほど種まきは絶対に外したらいけないんです」

「あとのことを考えると絶対に外せないことですね。先生」

「種まきっていうのは、労力かけて営業にいくことだけではありません。見込み客集めのためなんです。定期的に見込み客を集めればどんな形を取ってもいいんです。広告費が使える人は広告費を投入していけばいいんです。それが種まきなんです。私の場合2ヵ月に一度プロモーションをかけています。プロモーション用の動画を撮影するだけです。その動画を使ってメールアドレスを取得するようにしています。労力の代わりに広告費をかけています。広告費は時間を買っているようなものなんですよね」

「質問いいですか?」

沙良ちゃんが小さく手をあげる。

「いいですよ。何ですか？」

「船ヶ山先生はプロモーションでなぜ動画を使うんですか？」

「ずばり、私に合っているからです。世界各地へ旅行するのは楽しいですし、苦になりませんし。それに、何よりも消費者の心を動かすためにもっとも大事なのは、五感を刺激することです。その理由は五感を刺激することで、感情を揺らすことができるからなんです。それに、メールマガジンやフェイスブックやブログだけだと、文章を読ませるだけですから、視覚を刺激するだけですよね。しかし、動画だと視覚にプラス聴覚も刺激することができます。それだけ動画の方が有利だと私は考えています。もちろん、肌感覚や嗅覚を刺激するセミナーや対話などにはかないません。ただし、セミナーや対話だと私の時間が制約されます。私は１人しかいませんので、セミナーや対話を毎日していたら家族との大切な時間が取れなくなってしまいます。その点、動画をインターネットで告知してメールアドレスを集めれば、短時間で大量の見込み客リストを獲得することができます」

「そういう考え方なんですね」

私が「家族との大切な時間」といったとき、沙良ちゃんの顔が少し緊張したような気がした。

「ま、とにかく、私のビジネスが安定し、なおかつ右肩あがりにいっているというのは、2ヵ月に一度の種まきをずっとしているからなんですよ。広告で大きな人数に対してアプローチして存在を示してメッセージを伝えているからどんどん成長できているんです」

「私たちも早くそういう仕組みを作っていきます」

沙良ちゃんは「早く」という部分を強調した。あきらかに焦っているような印象を受けた。そのとき、文蔵さんも「うん」と大きくうなずいた。

「私はすべてのコンテンツを創るとき、自分の子どもが大きくなったときに使えるものをと思って作っています。20年後30年後にも錆びないような使える情報しか私は作りたくないんです。もちろん、いまの人にも使えますし。本質を話しておけば、いまも未来も、時代がどんなに変わろうとずっと使えるじゃないですか。それが資産になるんです」

「子どものために作っているんですか」

文蔵さんは急に泣き出した。「子ども」という言葉が文蔵さんの涙腺のツボのようだ。沙良ちゃんが横からそっとハンカチを出して文蔵さんに渡した。

この日から、文蔵さんの快進撃が始まった。毎月１回はセミナーという名の説明会を開く。利益も出てきたので集客には広告費を使う。もちろん、そのときは小さくテストをして反応率を見る。そのへんは沙良ちゃんが協力してくれた。そして、反応率のよかった広告のやり方を研究して予算を投下する。

紹介も忘れていない。１週間に1回、種まきとして影響力のある人にモニターになってもらうために動くことにした。街の名士が集まるクラブの事務局に挨拶にいったり、老人会に顔を出したり、経営者が集まる飲み会に参加したりした。

第4章

非常識なビジネス思考

大富豪の思考をまねる

文蔵さんは毎月、コンスタントに顧客を獲得した。下請けのDVD制作会社も2社追加で契約を結んだ。制作会社とお客様との連絡役としてアルバイトを雇うことになった。現役女子大生がきてくれた。雇うといっても週に2回ほど文蔵さん宅の応接室で打ち合わせをするくらいで、毎日通ってもらう社員ではない。

だが、文蔵さんと沙良ちゃんと気が合うらしく「超おいしいシュークリーム持ってきたっス」とか「この柏餅、めずらしいっスよ」といっては毎日のように文蔵さん宅にやってくるようになった。

名前は里奈といった。大学ではマーケティングを専攻していて、頭もキレる才女だった。いままで沙良と文蔵が学んできたことをノートを見ただけで理解し、顧客のインタビューもかって出てくれた。

「願望」「結果」「フラストレーション」「悩み」「痛み」を言葉巧みに聞き出していき、自分なりに仮説を立てては文蔵に提案した。

「キーワードはいくつか見つかったっス。苦労して身につけた技術を後世に残したいとか、ノウハウを形にして世の中に貢献したいとかいってたっけど、そんなことみんな本気で思ってないっスよ。本音は大切にされたいという願望じゃないかなぁって思うんっス。この前インタビューしたお客様は、『年取って自分が役立たずになって、蔑《ないがし》ろにされるんじゃないかと心配なんだよ』って笑っていたけど、これ、案外本心じゃないかなぁ。老人会とかの主催するパーティや会合に参加しても疎外感を味わっちゃうっていうフラストレーションがあるみたいっス」

「なるほど、『役立たず』とか『蔑ろ』っていわれるとドキッとするね。このキーワードでセミナーの集客をはかってみるか」

文蔵さんは納得すると同時に里奈ちゃんに感心した。

「チラシのコピーは私に書かせてもらえないっスか？　それから、ブログやフェイスブックも、私が書いてみるっス」

里奈ちゃんはやる気満々だった。

「でも、ブログやフェイスブックはやんなくていいですよ」

と沙良ちゃんが嬉しそうにいう。

「何でっスか？」

「船ヶ山先生から、上手くいかなかった方法に時間を費やすのではなく、『上手くいった方法をとことん追求してください』っていわれてるの」

沙良ちゃんは、パソコンを打つ手を休めて答えた。

「わかりました。なら、セミナーの会場の手配なんかもやるっスよ」

「いいねぇ」

文蔵さんは柏餅を頬張る。

「この経験を卒論に書くつもりなんっス」

才女は才女なのだが、ちょっと言葉づかいが難点というか、いまふうというか、何ともいえない魅力を持っていた。

31 1人ですべてできるまでは、JVは組んではいけない

船ヶ山家では、子どもたちの誕生日には、シンガポール近郊のリゾートホテルで週末を家族4人、ゆっくりと過ごすことにしている。

今日は長男の誕生日だった。今回は、この界隈で1番美しいビーチだといわれているラワ島のホテルにチェックインした。ヤシの木の葉陰からコバルトブルーの海が広がり砂浜を童心に返って走り出したくなる。

夜は、ホテルのレストランで息子の誕生日会を開いた。舞台では生演奏で「ハッピーバースデイ」を演奏し、プロの歌手が歌ってくれた。レストランのスタッフがローソクの立ったケーキを持ってきてくれる。息子はレストランのスタッフに英語で感謝の意を表した。

息子は、電車が大好きだった。私は日本で購入した電車のおもちゃをプレゼントした。

「やった！　これ欲しかったんだ。サンキュー、ダディ」

私にとっては、家族と過ごす時間が最高の幸せを感じるときだ。この時間があるか

ら仕事に打ち込めるのである。家族と過ごすことでラブパワーを満タンにしているからこそ、愛情あふれるコンサルタントができるのだ。

数日後の沙良ちゃんと文蔵さんとのスカイプコンサルは、シンガポールの自宅で行った。

「では、今日は『1人ですべてできるようになるまでは、JVは組んではいけない』というビジネス思考についてお話ししていきたいと思います」

「よろしくお願いします」

「このJVというのはジョイントベンチャーの略なのですが、簡単に説明すると、誰かと一緒にビジネスを行うということです。今、JVはどなたかと組まれてますか？」

「組んでいないですね」

文蔵さんが答えた。

「目安としては年収1000万円稼げるようになるまでは、絶対組まないでください。なんでかっていうと上手くいかない人、独立起業したばかりの人ってJVをやたらと組みたがるんですよ」

「1人でやるより、２人でやる方が上手くいきそうな気がしますよね」

「しかし、そういう人たちのＪＶは相手のことを儲けさせようとはこれっぽっちも思っていないんですよね。自分が儲けたいから誰かと組むっていう発想なんです。ただ、そのときのポイントなんですけど、上手くいく人のＪＶと上手くいかない人のＪＶの違いがあります。今いった通りに最低年収で１０００万円、売りあげで３０００万円くらいは1人で稼げるようになるまでは絶対ＪＶは組んじゃいけないんですよ。何でかっていうと、まずは自分だけの力で稼ぎ全部の流れを知る必要があります。ようは1人で全部できるっていうのが大前提なんですよ」

「すみません。よくわからないんですけど、なぜですか？」

「たとえばこれ、業者を使ってするときもそうなんですけど、何も自分が知らないでいると、その業者を選定する良し悪しがわからないですよね。そうすると騙されますよね。業者のいいなりになるんです。ただ、これが自分でやってある程度こんなもんだというのがわかっていれば、どこの業者を使えばいいのかというのも選べますよね」

「そういうことなんですね」

「さらにいえば、年収１０００万円稼げないビジネスというのは、そもそもその人に向いていない可能性があるということです」

「だから、立ちあげ当初は1人でやるんだっていうような勢いが大事です。その上でさらにクオリティをよくしていくためにはどうしたらいいのかというので、業者を使ったり、JVを組んでみたりというのがポイントになります」

そもそもJVが上手くいってる人と、いってない人の違いは視点が全然違う。上手くいく人はまずは全部自分でできることが前提。そして得意な分野を持ちよるからかけ合わせで大きくなるという発想だ。上手くいかない人はタダでやってもらいたいから誰かを呼んでくるという発想。そんな発想で上手くいくわけがない。

たとえば新しくビジネスをやりたいとする。そのときにホームページが必要だよねって話になる。ただ、ホームページにお金を支払うのが嫌だから、そういえばあいつホームページ作れたよな、じゃああいつを仲間に引き入れようってなる。そうするとホームページの作れる人がくる。

次に、また何かが不足する。営業の部分が弱いよね、営業得意な奴いないかなってまた営業の人をつれてくる。ただ、無料で呼んでくる人っていうのは結局レベルの低い人しかこない。タダでもくるっていう人は、暇だからくるわけだ。そこで儲かったらみんなで山分けしようぜ、みたいな話でやってくる。

みんな中途半端な０・５同士の人がくる。１人じゃ仕事が取れないような中途半端な人たちが集まったところで、ビジネスが上手くいくはずがない。仲良しゴッコのおままごとである。それなりに活躍して実績のある人が、そんな仲良しゴッゴにきてくれるわけがない。

仲良しゴッコのビジネスは早晩いきづまる。いざ、広告をしかけて宣伝するというところで躊躇する。売れるか売れないかわからないものに対して誰もお金を出そうとしないからだ。これが全部自分でやって、これだけの広告をかければこれだけ回収できるという反応率を見るスキルまでついていれば、誰にも頼ることなく自分でやるはずだ。

無料でくるような人たちというのはそれができない。リスクを取ることができないのだ。広告しても、反応が取れるかどうかわからない、集客できるかわからない。集客できたとしても売れるかどうかわからない。だから怖くなるという悪循環に入る。

「それから、ＪＶを組むときは、自分よりはるかに上の人としか組まないことですよ。

自分より下の人と組んだらろくなことないですからね」

「なぜですか？」

文蔵さんはキョトンとしている。

「戦力になるからＪＶになるわけですよね。下の人と組んだら教えなきゃいけないですよね。教えるのであればコンサルすればいい」

「なるほど、そういう考え方を持つといいんですね」

「自分より高いスキルを持った先輩と組むとどんどん先輩に引き寄せられてマインドも高まるし、実績や、スキルもあがってきます」

「そうですよね」

「もう１つ、ＪＶを組むときの留意点があります。それは、すべては自分の責任だっていうのを常に呪文のように唱えてもらいたいんです。それが上手くいっても上手くいかなくてもです。ＪＶが上手くいかない人は、成功したときは自分の手柄にするんです。逆に上手くいかないと人のせいにするんです。あいつが悪かったんだとか、あのとき、ああすればよかったとか、すぐ人のせいにするんですよね。そうじゃないんです。上手くいく人の考え方はお互いがすべて自分の責任だって思ってるんですよ。

もちろん上手くいったときもそうですし、上手くいかなかったときもそうなんですよね。たとえば私がビジネスで誰かとやるときは、失敗したら必ず全部私が負債を背負うと決めているんですよ。そのくらいじゃないと、スタートできないんです。必ずお金の部分でもめるんです。そうなったときのことを想定して、赤字になったら全部自分で負うっていう風にしておかないと、何事もスタートできないんですよ。逆にその腹積もりがあればいつでもスタートできます」

「そういう腹積もりなんですね」

「だってその人と組まなくても、もともと1人でやれるんですから。それがその人が加わることによって、大きなものにならないのであれば、一緒にやる理由がありません。そういう感覚なんですよね。だからもともと上手くいかない人はただでやってもらおうとか、そういうせこい考え方をするから、立ちあがらなかったり、上手くいかないだけなんですよ」

実は、社畜人生の雅彦さんも快進撃を続けていた。殺人的な満員電車で朝から汗だくになって死にそうになっても、首相直轄の諮問委員会の正式メンバーになれたとなれば心が1グラムほど軽くなったし、首相に直々にゴルフに誘われるとなれば天にも昇る気持ちになるのだった。

雅彦さんがリーダーを務めるプロジェクトはカジノ計画を現実化させることだ。そして、かねてからカジノ法案のブレーキになっていたのがパチンコ業界だった。カジノが合法化するのであれば、パチンコも合法化してくれという至極まっとうな要望である。パチンコは勝つと景品がもらえて、その景品を交換所へ持っていって換金するという3点方式をせざるを得ない現状がある。それを解消してくれというわけだ。この難問が解決できる人は誰もいなかった。

そして、何か創り出すことについては、クラゲの脳ミソほどの頭脳しか持ち合わせていない雅彦さんには、この問題を解決する方法などわかるはずもなかった。パチンコなどやったこともないのだから。もちろん、パチンコ業界の裏側がどうなっているのかもわからないし、わかったとしても解決に向けて交渉する知恵も度胸も持ち合わせていなかった。

ところが、雅彦さんの部下には優秀な社員がいた。パチンコ業界を牛耳っているある組織のトップと交渉し、諮問委員会のサブメンバーになることで了承を取りつけてきたのである。もちろん、この大金星は雅彦さんの手柄となり、首相閣下よりゴルフのお誘いを受けるようになったのである。ゴルフ場の緑の上で首相閣下は「シンちゃん、マサちゃんと呼び合おうじゃないか」と提案した。雅彦さんが狂喜乱舞したことはいうまでもない。

この快進撃では1つだけ残念なことがあった。無能な上司のもとに優秀な部下が存在するという奇跡が、長く続かなかったということだ。その部下が自分の手柄を主張するのではないかと恐れた雅彦さんは、こともあろうにその部下を他のプロジェクトへ異動させたのである。

雅彦さんが人事部長にちょっと話せば造作なくできることだった。かくして、優秀な部下はアフリカの紛争が終結したばかりの地域に天然ガスプラントを建設するという極めて危険なプロジェクトのメンバーとなった。

雅彦さんが組織の中で生き残るために考えることは、自分より優秀な者は置かないことだった。いつ、自分よりも上にのしあがってくるかわかったものではないからだ。

ビジネスの世界は下剋上だと思っているのである。一方、優秀な社員は文句をいわず歯を食いしばって命令を受け入れるしかなかった。

32 初めの7秒がその後の7年を決定づける

私は、スカイプを使って沙良ちゃんに、『初めの7秒がその後の7年を決定づける』というビジネス思考について講義した。

初対面の人と名刺交換をする、そのときの7秒でその後の7年が決まると思っていた方がいい。第一印象がずっとその人のイメージになるのだ。相手があなたのことを営業マンという印象を持ったら7年はその印象が消えない。営業マンと思われたいか、それとも何かの専門家と思われたいか、どちらがビジネスを成功に導くだろうか。

最初に適当にやって、後からいいことをいって信頼を構築しようとしても無理な話である。逆に、始めの7秒さえきちっとしていれば、その後、多少失敗しても、上手くいくということでもある。

それだけ、初めというのはすごく大きいのだ。この7秒の成否を分けるのがファーストアプローチである。それが名刺だったり、チラシだったり、ホームページだったり、それらが見込み客に対するファーストアプローチである。

ファーストアプローチで売り込みをしてしまうと「嫌な奴」というイメージがその後７年間残ってしまう。売り込まれることが好きな人はどこにもいない。たいがいの人は嫌なはずだ。営業や売り込みだと思われたらビジネスが上手くいくわけがない。だから、ビジネスを成功させたければとにかくこの初めの７秒に命をかけなければいけない。それだけ、このファーストアプローチというのは、その後の成否を分けるほど重要な存在をだということを忘れてはいけない。そのためにも、初めに専門家の位置づけを獲得し、相手に「希望の光」を与える存在にならなくてはいけない。

ところで、沙良ちゃんのママの和子さんは日々、何をしているのか。家事は一切しないし、家に帰ってこないこともある。帰ってきても夜遅くなり、沙良ちゃんにご飯を作ることもなければ、寝る前の読み聞かせをすることもなかった。沙良ちゃんが学校でどんな成績を取っているのかなど、興味もなかった。

和子さんは、１つの考え方にこりかたまると極端に走るところがあった。

「社会貢献」という言葉がマスコミで取沙汰されるようになると、社会貢献しなければ自分は価値のない人間なんだという強迫観念にとらわれるようになる。とにかく極端なのだ。和子さんの考える社会貢献は大震災の被災地を訪れて何かをすることであり、地域ボランティアの読み聞かせであり、市長を巻き込んでやる街の清掃運動であり、拉致被害者を救う会である。

自分の身近なところに社会貢献は考えられなかった。たとえば、家族に貢献するとか……。

いまは拉致被害者を救うために日々奔走していた。拉致被害者の家族による講演会の企画運営全般を和子さんが手配している。北海道から沖縄まで和子さんはどこへでも飛んでいった。世の中の役に立っているという実感があった。

和子さんの誕生日には会のメンバーたちがサプライズを企画してくれた。ケーキの上に立ったローソクを吹き消したとき、自分の居場所はここだと思った。そのとき、旦那の顔も、沙良ちゃんの顔も浮かんでこなかった。

頭の中がどんなもので占められているかで、その人の人生は決まるものだ。和子さんの頭の中は拉致被害者を救う会の活動でいっぱいだった。北朝鮮への憎しみという感情も和子さんの心をほとんど占めていた。

若き北の将軍様の姿をテレビで見ると憎しみがメラメラと燃えてきてキリキリと歯ぎしりをしてしまうのだった。よりによって和子さんは若き北の将軍様の映像が出てきそうなテレビ番組ばかりを選んでしまう。新聞を開いても雑誌を読んでも、若き北の将軍様の出ている記事をついつい読んでしまうのだ。インターネットでも若き北の将軍様の動画を見てしまう。

そのたびに、憎悪と怨念と怒りを増大させるのだった。だから、家にいるときは、いつも憎悪と怨念と怒りをあらわにしている和子さんだった。

33 プロフィールは今までの経験ではなく作るもの

「今日は、『プロフィールは今までの経験ではなく作るもの』というビジネス思考についてお話しをしていきたいと思います」

「よろしくお願いいたします」

「いま、ホームページに文蔵さんのプロフィールを書いていますか？」

「いいえ、載せていません。大したプロフィールじゃないので……」

文蔵さんの声が尻切れトンボになっていく。自分の経歴に自信がないようだ。

「ほとんどの人がプロフィールを過去のものをベースに書いています。しかし、ビジネスを加速させる人は、プロフィールを過去のものを表現するものと思っていません。プロフィールを作るために経験を新しく作るというようなイメージです。もちろん、嘘をついてはいけません。嘘をつかずにハッタリをかましていくんです」


私の友人で以前プロモーションを一緒にやった人がいる。18冊の本を出版しているベストセラー作家で累計200万部を売りあげている。

ただ、これだけの実績を誇る作家でも、最初は無名の素人だった。第一作目は大した経歴もなく、実績もなかった。しかし、作家として本を出版するには、それなりの経歴が必要だ。

私の友人作家はどうしたか？

文章術の本を出そうと考えたので、文章スクールを始めたのだ。ブログとかで告知したら無料のお客様が2人集まった。そして、スクールの開催回数だけは日本一にしようと思って、毎日のようにスクールを開いた。

こうしてプロフィールの中に光るものを入れた。「文章講座を年間120回以上開催」という実績だ。ただし、「無料のお客様が2名集まった」という不利な部分はいってはいけない。

まず、プロフィールに書きたいものを考えてみることだ。そして、それを実行して現実にして上書きする。ポイントは、他人が「あ！　これすごいな！」と思うようなものを考えることだ。どうでもいいことにお金と時間をかけてもムダなだけだから。

上手くいかない人は今までの経験で自分の強みを探そうとする。しかし、もともとないものをあーだこーだひねったところで、強みになんてならない。そして、自分のプロフィールが書けないことで愕然とする。多くの人はここであきらめてしまうのだ。

挑戦するのだ。クライアント数でもいい、書籍でもいい、ランキングでもいい、売上規模でもいい、何かの表彰を受けたというのでもいい、大事なのはチャレンジだ。そして、このチャレンジというのは誰にでも与えられた平等な権利だということを忘れてはいけない。そして、このような意識を持っておくとビジネスが加速する。

ここで注意しなければいけないのが本業にマッチしたプロフィールにすることだ。いままで培ってきたノウハウをＤＶＤ化するというサービスが本業なのに、調理師免許だったり、カラーコーディネーターだったり、習字検定だったり、まったく関係のないものをプロフィールに入れても意味がない。かえって、逆効果になることもある。なぜなら専門性が薄れてしまうからだ。

たとえば、会うたびに色んな名刺を配る人がいる。この前までは保険屋だったのに、今度はリフォーム屋と、ころころ名刺を変えるような人から商品を買いたいだろうか？

買いたいという人はどこにもいないだろう。結局、その商品を買っても、また数ヵ月後には他の商材を扱っている可能性がすごく高いわけだ。そうなると、サポート体制なんか適当じゃないかと疑いたくなる。そんな人からは絶対に買いたくない。

プロフィールを見た瞬間に「あ、この人すごいな！　専門家だな！　この人が自分の人生を変えるきっかけになるかも！」と思わせたら勝ちなのだ。そのためにも、輝くものをプロフィールに入れられるように、何かにチャレンジすることを考えてみるべきだ。

「では、このへんで終わりたいと思います」

私がスカイプ通信を切ろうとしたとき沙良ちゃんが引き留めた。

「あのちょっと質問してもいいですか？　今日のことじゃなくてもいいですか？」

「いいですよ」

「船ヶ山先生は悩みとかないんですか。素敵な生活をしているので、毎日が幸せで悩みなんかないんじゃないかなぁって思ったんです」

「誰だって悩みはありますよ。もちろん、私にだってあります」

「どんなことで悩んでいるんですか？」

「猫です。娘が猫アレルギーなんですよね。でも、私は絶対に猫を手放さない。いまテコという名の猫を飼ってるんですけど、私はテコが死んだら私も死ぬかもしれない。それほどテコを愛しています」

「え？　そんなに猫が好きなんですか？」

「妻は、やんわりと私にいいます。娘がアレルギーなんで、どこかもらい手を見つけて預けなさいって。でも、私はそんなことできない。テコと離れて暮らすことなんて考えられない。これがいま１番の悩みですね」

「なぜ、そんなに猫のことを愛してしまったんですか？」

「不思議に思うかい？」

「はい」

「今度、日本にいくとき、沙良ちゃんにその理由を教えてあげるよ」

「え？　いま知りたい！」

「今度ね。じゃ、今日はここまで」

そういって私はスカイプを切った。

34 ブランディングに対する誤解

次のスカイプコンサルで私は「ブランディングに対する誤解」というビジネス思考について講義した。多くの人はブランドといえば、自分を綺麗に着飾って、人目を引くようなプロフィールを作り、ホームページや個人の媒体や広告などで広く発信して目立つことだと勘違いしている。実はそこに大きな罠があるのだ。

目立って有名になれば商品が売れるということは決してない。自己ブランドだとか、セルフブランディングだとか、威張っているが、それがブランドではない。

そもそもブランドとは、牛の焼印がルーツである。いわゆる印である。この印のついた牛は肉の品質がいいよという証なのだ。換言すると、品質のよさを保証することである。そのため、ブランドとは目立つことでも、有名になることでもなく、お客様と約束することなのだ。

だから、目の前で買ってくれたお客様や見込み客に対してちょっとずつ約束をしていけばいい。その数がファンとなり、そのファンの数がブランドを作るのである。

目立って有名になろうとすることとは発想が違う。

ほとんどの人がブログだとかユーチューブだとかフェイスブックでカッコつけて腕組みして笑顔で写真撮ってとかやっている。そんなことをしてもブランドなんか構築できない。ましてや、無料の媒体で稼げるほど有名になんて決してなれないだろう。

有名ブランドがなぜ有名かというと、単純に広告をしているからだ。

私も２ヵ月に１回大がかりなプロモーションをかけるときには、広告費をかなりかける。

数千、数万人にアプローチかけて認知度をあげている。そして、メールマガジンに登録してくれた人は私のメッセージを聞くことになる。そこで私が開発したプログラムを購入してくれたり、コンサルタント契約を結んでくれたりする。

実際の商品を提供し、私のことをお客様が認知し理解してくれる。私の人柄だったり、商品だったり、アフターサービスだったり、その1つ1つが約束になり、それがブランドになるのである。多くの人は、自分をどういう風に見せるかというところにばかり目を奪われているが、この約束という視点を忘れてはならない。

まずは、目の前の1人に売って喜んでもらって、それを2人、3人、4人、5人、10人、100人、1000人、1万人と増やしていけばいいだけなのだ。1つ1つ、約束を果たしていく中で大きなブランドが構築できる。そのお客様との信頼構築がなければ、いくら広告を打って有名になっても商品は売れない。

たとえば、権利を売って、二流ブランド三流ブランドになり下がって誰も買わなくなったブランドがある。あれは、約束を破ったのである。お客様がイメージしているものや、ステイタスがあったはずなのに、権利販売みたいなことをして、スーパーに並ぶようになって、イメージもステイタスも崩れていき衰退していく。

繰り返すが、それはお客様との約束を破ってしまった結果なのだ。


「文蔵さん、お客様との約束を果たすということを意識していましたか？」

私はスカイプ通信を通して尋ねた。

「いえ。まったく考えていませんでした」

「これからはちゃんと考えていただきたいのですが、できますか？」

「具体的には何をすればいいのでしょうか？」

「お客様が求めている以上の品質の商品やサービスを提供し続けるということです」

「それ大事なことですよね。気が抜けないですね」

文蔵さんはキリッとした表情になった。

35 信用と信頼を得る手段とは

私は、ベリーズにいた。イギリスの連邦王国の1つで、メキシコとグアテマラの間に位置している国だ。美しいサンゴ礁の海は「カリブの宝石」と呼ばれている。

私はよく1人旅行をする。それは師匠から勧められたからでもあるが、海外旅行をすると自分の中の枠を超えることができるような気がするからだ。

30年以上も生きてきた私の常識を打ち破ってくれる経験である。

私がカナダに住んでいたときのことだ。銀行の窓口は、日本だと行列ができないように番号を印字したカードを取って、自分の番号がくるまでソファで雑誌でも読むようになっていて、その間、窓口の銀行員は一刻も早く次の人を受け入れようと必死で働いている。だが、カナダではそんなことはほとんどなかった。行列ができていても、窓口の銀行員は、お客様と無駄話をして笑ってたりする。

車だってそうだ。ラジエターが故障したので修理に出したことがある。2週間も待たせたあげく、ラジエターは直ったのだが、バックギアが入らなくなっていて、また修理に出さなければいけなかったりする。結局、修理工場に出しても別のところが壊れて帰ってくるので、最終的に、簡単な修理なら自分でできるようになった。

日本の常識では考えられないことだった。そして、自分がいかに常識にとらわれていたかがわかる。この学びが私は大きいと思っている。だから、まだいったこともないような国に旅行する。


「では、今日は、『信用と信頼を得る手段』について講義します」

「よろしくお願いいたします」

「沙良ちゃんは、信用と信頼の違いってわかりますか？」

「ほとんど同じようにとらえています」

「今度は、文蔵さんに質問です」

私の声を聞いて文蔵さんはカメラの前に顔を出してきた。

「文蔵さんは、お客様から信用されていますか？」

「信用されていると思います」

「それはどうやって感じました？　何をやりました？」

「何となく……」

文蔵さんは自信なさ気な声を出した。

信用と信頼を得ることによって、いま、扱っている商品が、もっと可能性を見い出し、もっと売れるようになる。信頼している友だちから勧められたものは、検討もせずに買うことがある。そのとき、商品自体に信用や信頼があるわけではない。信用や信頼というのは、すべて、人に影響を受けるということだ。

では、どうすれば信用と信頼を得ることができるのか？

まず信用は、相手に与えることから始まる。

たとえば、相手に何かをプレゼントしたとする。そうすると相手は、あの人はいい人だと心を許してしまう。肩がこってる人に、「温めたほうがいいよ」とホッカイロをプレゼントしたら、相手はありがたいと思うはず。次のときに「肩、どう？」と聞いて、「いや、まだ痛いです」といったら「じゃあ、この湿布するといいよ」と湿布をくれたらどうだろうか？

自分のことをここまで考えてくれているいい人なんだなと思うに違いない。

信用を得るには時間がかかる。会う回数を増やさなくてはいけない。心の氷が、何度も会うことで徐々に溶けていくのだ。会う回数が重要になってくる。そこにプレゼントを与えると信用は加速する。

整理すると、信用を得るには、まず相手の関心事だったり、興味、悩み、痛み、フラストレーションとかに対して、何かを与えることだ。ビジネスなので、自分のビジネスにつながるものを入口にする必要がある。無料でプレゼントするので、私たちはそれを「無料オファー」と呼んでいる。無料オファーを入れると信用を得ることができる。デパ地下の試食のようなものだ。

返報性の法則といわれることもある。何かを与えられると相手は倍にして返したくなるという心理が働くものだ。誕生日プレゼントで3000円のものをもらったら、相手の誕生日に3000円以下のものをプレゼントすることは心理的抵抗を感じてしまう。だから最低でも3000円、人によってはそれ以上の5000円のものをあげようと見栄を張ることになる。なぜなら、この習性は、私たちが小さいころから返報性の法則として染みついているからである。

このようにビジネスでは、与えることで、その後の大きなお金を得ることにつながっていく。見込み客が求めているものを与えていると信用残高があがっていく。プレゼントするごとに信用残高が増える。そして、この信用が大きくなったときにお金に変わる。信用残高がないうちに、お金は引き出せないのだ。

たとえば、初対面だと信用残高はゼロだ。

ただ、ここで間違ってはいけないのは、ビジネスに関連があるものをプレゼントしなければ、ただのいい人で終わってしまう。たとえば、デパ地下の試食も売りたい商品を味見させてくれる。そこで「美味しい」となれば信用され、商品が売れる。しかし、関係のない商品を試食させられたところで肝心な売りたい商品が品切れとなっていたら、その試食は無駄となってしまう。

だから、ここで大切なのは、相手が関心を持っているものや、悩んでいるものに対して、関連のある解決策となるようなものをプレゼントしなければ意味がないのだ。

次に、信用を信頼に変えるにはどうすればいいか？

それは小さな成功体験を積ませてあげることだ。肩がこってる人に対して、ホッカイロや湿布をプレゼントすることで信用を得ることができるが、それだけでは信頼を得ることはできない。実際に肩こりが治って初めて信頼を得ることができるのだ。

ただ、これは完治させる必要はない。ここで大切なのは、小さくてもいいので、成功体験を実感させることだ。

小さな成功体験以外にも信頼を得ることができる。それは1番大変だったときも逃げないでいた人だ。経営者が1番信頼する社員というのは、会社が1番大変なときに一緒にいてくれた社員だ。藁をもすがりたい気分になっているときに、救済の手を差し伸べてくれた人のことを一生忘れないし、心から信頼する。

その際、大切なのが、相手の都合を優先させることだ。とくに相手が苦しんでいるときは不安で押しつぶされそうな気持ちになっている。そんなとき、自分の用事を後回しにし、最優先で考えてくれる人がいたら、深い愛情を感じるはずだ。それが信頼となり恩に変わる。

極端な話、信頼さえあれば、そこに商品がなくてもお金をくれて救済してくれる。それほど、信頼とは重要なものである。

「だから、今後は、困っている人がいたら、自分のことは後回しにしてでも救済することです。社員を雇ったときも、本人は当たり前ですが、本人の家族も含めて救済することを考えてみてください。そうすれば社員と経営者との信頼関係が強固になります」

「そういえば……」

文蔵さんが下を向いて考え込む。

「何かあったんですか？」

「アルバイトを１人雇ったんですね。里奈ちゃんという女子大生なんですが……」

「その人に何かあったんですか？」

「大好きなおばあちゃんが１人暮らしをしていて心配なんだって」

「それに対して、何かしてあげましたか？」

「いえ、何もしていないです」

「何かできることはありますか？」

「私、傾聴ボランティアをやっていたので、明日、おばあちゃんが１人で住んでいるアパートへいってみます」

沙良ちゃんが小さく手をあげていった。

「じゃ、ワシもいくよ。今後は交代で、見にいってあげよう」

「そうですね。そうするといいかもしれませんね。じゃ、今日は、このへんで」

沙良ちゃんは翌日から傾聴ボランティアとして里奈さんの祖母のところへいった。

その次の日は文蔵さんがいく。

そして、次の文蔵さんの番がきたときだ。ドアフォンを何度押しても返事がない。

これは変だと思った文蔵さんは管理人さんを呼んでドアを開けてもらった。すると、キッチンで倒れているおばあちゃんを発見した。救急車を呼んで病院に運び一命を取り留めることができた。里奈さんは、それで文蔵さんと沙良ちゃんが毎日安否確認にいってくれていたことを知り、感激の涙を流した。

「嬉しいっス。おばあちゃんが助かったこともですが、文蔵社長と沙良さんが、うちのおばあちゃんのことを気にしてくれていたってことが、嬉しいっス」

その日から、里奈さんは懸命に働くようになった。月に2件は新規客を獲得するという目標を自分で立てて営業するようになったという。

36 必要と欲しいは違う

次のスカイプコンサルでは「必要と欲しいは違う」というビジネス思考について講義した。多くの人はニーズがあれば商品は売れると思っているが、それは大きな間違いである。必要であっても買わないものはたくさんある。では、どのような視点で物事を考えていけばいいのか？

必要だから買うという場合は、他人視点である。たとえば、お子さんが塾に入るとする。そこで「塾のお勉強で必要だから、これを買い揃えておいてください」といわれる。親としては断れない。つまり、必要というのは他人が「買ってください」といっているケースが多い。

一方、「欲しい」とは、自分視点である。本人が欲しいと思うから購入するのだ。この商品は本人が欲しいと思うものだとすれば、本人に対してメッセージを投げかければいい。「必要だ」という商品だったら、本人の周囲にメッセージを投げればいいのだ。

たとえば、本人の「欲しい」にアプローチする好例がある。猫カフェだ。猫カフェの収入源はどこにあるのか？　場所代だろうか、それとも飲食代だろうか？　答えは猫の販売である。猫カフェでは猫を買うことができるのだ。

ほとんどの猫が1歳を超えると、もらい手がなくなってしまう。最悪、殺処分されてしまう。猫カフェにいる猫たちは、1歳を超えている大人ばかりだ。だから、タダ同然で仕入れることができる。

そこに通っているお客様は、接すれば接するほど、自分のものにしたいという所有欲が出てくる。自分のお気に入りの猫を他人がなでていると、嫉妬心が沸く。手放したくなくなり、買っていくのである。そうやって本人の「欲しい」を刺激している。

「なるほど。船ヶ山先生の講義はどれもこれもビジネス思考なんですねぇ。本質をしっかりと理解していけば、いくらでも応用がきくということですなぁ」

文蔵さんが感慨深げにいった。

それから、文蔵さんは、もうすぐ沙良ちゃんの誕生日なのだという話をした。沙良ちゃんの大好きなマグロのお寿司を食べるために三崎の「桃太郎寿司」を予約したのだという。

三崎には「金太郎寿司」という大宴会場から個室が10部屋もある大きな寿司屋があるのだが、1番おいしいのは、カウンターとテーブル席が数席しかない「桃太郎寿司」なのだ。そんなことを嬉しそうに文蔵さんは語るのだが、沙良ちゃんのパパとママの話になると急に顔を曇らせるのである。

「あいつらは、自分の娘の誕生日さえ忘れてしまっているんだ。どうしようもない親だよ。たしかに、仕事も大事だ。ボランティアも大事だ。だが、娘の誕生日くらい、一緒に祝ってあげられないのかねぇ？　船ヶ山先生はどう思いますか？」

怒りをあらわにして文蔵さんはいう。

「彼らをコントロールすることはできません。やろうとすると必ず失敗します。むしろ、自分をコントロールすることで、彼らが変わるということはあるかもしれません」

「さすが、船ヶ山先生は、本質をズバッといってくださいますねぇ。ということは、彼らに対する私たちの態度を変えてみろってことですね！」

文蔵さんはピカッと何かひらめいたみたいだった。

スカイプ通信を終えて、文蔵さんと沙良ちゃんは相談した。雅彦さんと和子さんにどんな態度で接すればいいのか。いままでは2人に対して喧嘩腰で当たってきた。文字通り文蔵さんと雅彦さんは何度もつかみ合いの喧嘩をしたし、和子さんにも激しく抗議した。

しかし、2人は改めるどころか、ますます沙良ちゃんのことをほったらかしにするようになった。「そのために、ジジババがいるんでしょ。同居してあげてるだけありがたく思いなさい」と和子さんはいい放った。和子さんの頭を張り飛ばしてやりたいが、女の頭を殴るわけにはいかない。文蔵さんはそのときはグッと我慢したが、思い出しただけでも腹が立つ。

だが、この態度を変えなければいけないのだ。どうすればいい？

文蔵さんと沙良ちゃんが悩んでいるとき、梅子おばあちゃんがやってきて、こんなことをいった。

「感謝の気持ちを込めて手紙を送ったらどうかしら？　その手紙に誕生日会の招待状を入れておけばいいいんじゃない？」

それは名案だ。文蔵さんも沙良ちゃんも同意した。

招待状には日時と場所を書いておいた。沙良ちゃんの誕生日は11月３日だった。

37 成長曲線を把握する

私はブラジルのホテルでスカイプをつなげた。ブラジルは春、日本は逆の秋だった。

「今日は、『成長曲線を把握する』というビジネス思考をお話ししたいと思います」

「ではよろしくお願いします」

「文蔵さんは、ビジネスの成長曲線を知っていますか？」

「はい、聞いたことがあります」

「簡単に説明すると4つあります。導入期、成長期、成熟期、衰退期です。商品のライフサイクルという人もいます。1つの商品はこの4つの段階があるという考え方ですが、多くの人の思考はそこで終わっているんです。その先の深い部分を理解していない人があまりにも多いようです」

「深い部分ですか」

「たとえば、市場によっても、この成長曲線も変わってきます。蚊取り線香は、日本では主流ではありません。いまは機械仕掛けのものが販売されています。しかし、蚊取り線香を海外へ持っていくと、まだまだ爆発的に売れたりするんです。数年前にカンボジアかどこかに持っていった人が、蚊取り線香で億万長者になりました」

「東南アジアで売れるんですか？」

「あと、メンソレータムのリップクリームってあるじゃないですか。あれも海外に持っていったら、バカ売れして億万長者になった人がいますよ。日本だったらもう100

円もしないものが、現地では３００円ぐらいで売れるのですよ」

「へえ、値段を高くして売れるんですか」

「『日本からきた魔法の薬だ』みたいな感じで、もてはやされているんです。つまり、市場によって、この成長曲線はまったく変わってくるということです。日本ではもう衰退して売れなくて在庫になってしまうようなものであっても、別の市場に持っていけば、まだまだ、飛ぶように売れるということなのです」

「なるほど。単純に１つの商品の成長曲線を見てはいけないということですね」

「後、この成長曲線には別の側面から見る必要があります。導入期は『何でも屋』。成長期は『専門家』。成熟期は『特化型』。衰退期は『次の時流にからめる』ということなのです」

「何ですか、それは？」

「ホームページ制作を例にして説明しますね。ホームページが世の中に出てきたとき、いったいどこで買えばいいのかわかりませんでした。『インターネットってどこで買えるのですか？』というＣＭがあったくらいです。つまり、導入期は誰もよくわからないんです。その頃は、まだホームページ屋さんというのは世の中にはありませんでした。ホームページを制作して欲しい人たちは、コンピュータに関連しているシステム会社に相談します。『お宅ホームページできる?』っていう風に聞くんです。そうすると、そのシステム会社の人が『あっプログラムだったら、簡単にできますよ』っていう感じで始まります。次は『SEOというのを耳にするようになったのだけれど』とか、『PPC広告ってお宅知っている?』っていう関連キーワードを耳にしたら、またその人に投げるわけです。そして、その人にまた受注がきます。つまり、『何でも屋』になるのが導入期」

「なるほど、確かにそうですね」

「次に、成長期というのは何かというと、どんどんホームページを作りたいというお客様が増えてくる時期です。そうすると、今までのシステム会社ではなくて、ホームページ専門の会社が出てくるわけです。いわゆる専門家が出てきます。この時期に何が起きるかというと、お客様がわんさか増えているときなので、広告費をかけなくても、旗をあげるだけで、お客様がくる。このときのポイントが、自分の実力でお客様がきていると思ってしまうと、一発屋で終わって、その後、破産するってことです。

そうじゃなくて、成長期というのは、ブームに差しかかっているときなので、自分の努力とか才能など関係なくお客様がくるということを忘れてはいけません」

「次の成熟期は何かというと特化型なんです。ホームページ専門会社がぼこぼこ出てくると、どこに頼んでいいのかわからなくなってしまいます。そうすると、価格競争に陥っていきます。この時期には何が起きるかというと、特化型というのが出てくるんです。いわゆるニッチですね。たとえば歯医者さん専門のホームページ屋さんとか、飲食店専門のホームページ屋さんとかです。そういう風に特化型の業者が出てくるようになったら成熟期に入ったと思えばいいんです」

「なるほど、成熟期に入るとニッチにしぼった特化型の業者が出てくるということですね」

「この後に、衰退期がきます。その市場でビジネスが終わるというときです。そのときにビジネスの成否が分かれます。特に、成長期とか成熟期というのは、だいたい上手くいきます。生き残れる人と、生き残れない人というのが出てくるのが、この衰退期です。昔は、このサイクルが30年とかいわれたのが、いまは10年とか、５年とか、

3年とか、どんどん短くなっています。変化のスピードが速くなっていますからね」

「衰退期を生き残るにはどうすればいいんですか？」

「次にきている時流をからませるか、市場を変えるかのどちらかです」

「次にきている時流ですか？」

「たとえば、ホームページ制作だったら、次はスマホでしょ。後、動画を取り入れたホームページとか、どんどん新しいモノを取り入れていくことです」

「市場を変えるというのは？」

「都会ではほとんどの人がホームページを持っていますが、田舎にいったら、ホームページという言葉は知っていても、持っていないところがまだまだありますよね。今後、同じような波がタイムラグを経て、田舎に流れていくわけなんですよ」

「なるほど、よくわかりました」

文蔵さんはうんうんと大きくうなずいた。

そこで私たちはスカイプ通信をきった。


次の1週間に文蔵さんはさらに売りあげを伸ばした。里奈ちゃんの奮闘が目覚ましかった。納品時に顧客から紹介をもらったり、すでに納品したお客様に電話をして紹介を引き出したりした。文蔵さんは優秀な営業担当を得たことになる。

この間に雅彦さんにも大きな進展があった。朝鮮系のある有力団体に呼ばれて、外交上の大金星となるような情報を手に入れたのである。条件によっては拉致被害者を何人か帰国させてもいいというのだ。その条件とは、カジノを建設したときのスロットマシンに関する利権である。スロットマシンの納入はあきらめるから、そのメンテナンス業者をその団体の息がかかった会社にして欲しいということだった。

そして、そのことを雅彦さんは、首相閣下とのゴルフのときに話した。首相閣下の返事は、「マサちゃん、いいねぇ。それ」だった。

38　３Ｃ分析を意識し、戦略を考える

次のスカイプコンサルは、「３Ｃ分析を意識し、戦略を考える」というビジネス思考について講義した。

3C分析というのは、「顧客（カスタマー）」「競合（コンペティター）」「自社（カンパニー）」の3つのバランスを取ることによって戦略を考えていくということだ。市場が変わると顧客も変わっていく。商品は同じものでも、顧客が変われば売り方もメッセージもおのずと変えていかなければいけない。自分がもっとも優位になる市場を選ぶことだ。

たとえば、掃除機を売る場合、テレビショッピングで売るのか、実店舗で売るのか、インターネットで売るのか、インターネットでも楽天とアマゾンでは顧客が違う。そこにはどんな顧客がいるのかを調べて売らなければ失敗するリスクは高くなる。

次に、競合がどのような動きをしているかを見る必要がある。とくに広告だ。どんなチラシを打っているのか、どんな媒体を使っているのか、それをチェックしてみるといい。たとえば、同じ雑誌広告を何度も出稿しているようだと、その雑誌に広告を掲載すれば黒字になるということだ。

スワイプファイルという言葉がある。世界の優秀なコピーライターたちは例外なくこのスワイプファイルを持っている。スワイプとは「盗む」とか「借用する」という意味で、簡単にいうと、優れたセールスレターやキャッチコピーなどのサンプル集である。

ここで肝心なのが、儲かっているか、儲かっていないかわからないチラシをベースに自分の主観でマネっこして自分のチラシを作ってしまう人がいる。それは、意味がない。儲かっていないコピーをマネても儲かる可能性は限りなくゼロに近い。デザインがカッコいいという理由だけで選んでしまったら大きな落とし穴に落ちてしまうのだ。

競合を分析して儲ける方法がもう1つある。競合他社が何をどのタイミングで販売したかを調べることだ。そして、その数ヵ月後を狙うのだ。なぜならば、完璧な商品はないからだ。どんな商品でも数ヵ月後に必ずその穴がフラストレーションに代わる。そして、そのフラストレーションを解決する商品を売ればいいのだ。

自社を分析するときのポイントは、他社が満たせていない欲求を埋めることだ。

ＵＳＰ（Unique Selling Proposition）、つまり独自の強みを考えてみるといい。ただ、多くの人がＵＳＰの本質を理解していない。

以前、７本指の手袋を作った人がいる。独自性だ、俺のオリジナルだ、自分の強みだといっても、人間には指は5本しかないので、こんな手袋が売れるわけがない。独自の強みを勘違いしているのだ。

他者がやっていない、ないもの探しをやっている人がいる。ニッチを絞ってどんどんオリジナルを出そうとするが、売りあげはどんどん下降する。

USPとは、競合が手落ちしている穴やお客様がまだ満たせていない欲求を埋める作業である。そのためにも競合を調べ、そこにいるお客様のフラストレーションを調査分析する必要がある。お客様が感じているフラストレーションは何かを調査分析するのだ。そのことでしか、USPは見つからない。世の中、誰も完璧な商品を作れないのだから、必ず穴がある。その穴がフラストレーションになる。それを見つけ解決する策がUSPとなるのだ。

この1週間、雅彦さんはさらに忙しくなった。若き北の将軍様が動いたのである。何と、お忍びで日本へくるというのだ。そのとき日本の首相と会見し、カジノの件と拉致被害者の件を話し合おうじゃないかという。日本からお金をふんだくるためなら、どんなカードでも使うぞという姿勢がアリアリと見て取れた。

若き北の将軍様は考えた。どうせ日本にいくのなら、パパが大好きだったマグロの寿司を思いっきり食べてみたい。パパが雇っていた日本人の寿司職人が、たしか「マグロなら三崎漁港だ」といっていたのを覚えていた。三崎の寿司屋は何といったかなぁ。「金太郎寿司」か、それとも「桃太郎寿司」か。

それを日本側に打診した。すると、三崎で1番大きな寿司屋は「金太郎寿司」だとわかった。よし、そこでいい。

こうして、若き北の将軍様と日本の首相のお忍び会見が決まった。そして、その手柄は他でもない雅彦さんのものとなり、会見の陣頭指揮を執ることになった。

会見の日は11月3日だった。残念ながら雅彦さんの脳裏には、この日が岡田家にとってどんな日なのか、ちっとも浮かんでこなかった。

39 仕組みを初めに構築する

「今日は、『仕組みを初めに構築する』というビジネス思考についてお話をしていきたいと思います」

「よろしくお願いいたします」

文蔵さんと沙良ちゃんが声を合わせて頭を下げる。

「では文蔵さんにお尋ねします。いままで、この仕組み作りを意識してきましたか？」

「できるだけ意識しています」

「では、この仕組みってどういうことだと理解していますか？」

「どちらかというとマニュアルという感じに意識しています」

「独立起業したときは、まずは、ビジネスの根源となる仕組みを意識してもらいたいんです。マニュアルというのは、ある程度形ができて、いろいろな無駄なところをそぎ落としてからでいいんです。いまからマニュアルを作ったところで、どんどん変わっていきますよね。今からどんな問題が起きて、どんなクレームが起きるかわからないですよね。だから今の段階でマニュアルを作ってしまうと、ダメなものや未完成のものをまとめることになるので、逆に混乱を招いてしまうかもしれません」

「では、マニュアルはまだあとでいいんですね」

「ポイントは基礎部分に対して、仕組みを入れていくんです。フロントエンド、バックエンド。集客商品、収益商品を、どう組み込むか。お客様にアプローチする無料オファーをどうやって提案するか。そういうのを始めに仕組みとして構築していくんです」

「そういう仕組みを考えていくことなんですね」

「仕組みの中には数字も重要です。目標を決めましょう」

「目標ですか」

「そうです。目標と願望を勘違いしている人がいるんですが、文蔵さんは大丈夫ですか？　いつまでに売りあげをいくらにするという目標は決めていますか？」

「いま毎月平均すると4人のお客様がいて200万円の売りあげがあるので、だいたい、その3倍の月600万円くらいはいきたいなと思っています」

「ちょっと厳しいことをいいますよ」私はしばらく間をおいていった。

「それでは、叶いませんよ！」

「え？　なぜですか？」

「願望だからです。それは目標ではありません」

「目標って何ですか？」

「月600万円の売りあげをあげるには、何人のお客様を獲得しなければいけないんですか？」

「12人です」

「それだけのお客様を獲得するには、何人の見込み客を集めなきゃいけないんですか？　現在、月に平均4人のお客様が獲得できているわけですが、それはどちらからきたお客様ですか？」

「セミナーから2人。紹介から2人です」

「つまり、ちょうど半々なんですね。そうなると、セミナーで6人、紹介で6人のお客様を集めればいいわけですよね。ある程度反応率が出ていますよね。セミナーだと30％、紹介だと50％ですよね。ちょっと計算してみましょう。毎月セミナーに20人。紹介で12人集めれば12人獲得できて売りあげが600万円になるんです。そんな風に考えて初めて目標といえるんです」

「細かく計算していかなきゃいけないんですね」

「仕組みというのは上手くいく方法を仕組みにしなかったら意味がないんです。だめな方法を機械に任せたり、社員に任せてしまったら、そこからお金がどんどん無くなってしまいます。いまみたいに数値化して、自分の勝つモデルを作っていくことなんです」
「はい。わかりました」
文蔵さんは小学生のような素直さでいった。

拉致被害者の会に大変な情報が入ってきた。若き北の将軍様がお忍びで日本へやってくるというのだ。まさか、と誰もが思ったが、もしかしたら、という考えを持つ者が１人だけいた。和子さんだった。

情報を知っている男に詳しい情報を聞くために、まったくお酒が飲めないが、お酒の席につき合った。

その席で、和子さんはその男から11月３日の文化の日に三崎港近くの寿司屋へマグロを食べにくるらしいという情報を聞いた。

40　新規事業を成功させる鉄則

沙良ちゃんの誕生日の前日だった。スカイプコンサルのテーマは「新規事業を成功させる鉄則」だった。

ビジネスが少し軌道に乗ってくると陥る落とし穴がある。それは新しいことに手を出したくなるということだ。たとえば、食品会社をやっているとする。その食品会社で、初めは企業相手に卸をしていたとする。それが上手くいくと、今度は個人に売ってみたくなる。

これだけネットショッピングが流行っているんだから、ネット通販したらもっと大儲けできるんじゃないかと考える。直販したら中間マージンが無くなるので大儲けできると思う。するとどうなるか。大きな借金を負うようになる。安易すぎるのだ。これは本当に危険な考えである。

商品を変えずに企業から個人というように市場を変えてしまっている。そのときの見込み客の現実は大きく変わるはずだ。見込み客が変われば、メッセージや商品も変えていかなければいけない。だから、調査をし直さなければいけなくなるのに、それをせずに見切り発車して上手くいくわけがないのだ。

結局、商品に答えはないのである。あるのは、そこにいる見込み客が持っている現実だけだ。願望、結果、フラストレーション、悩み、痛み、そういったものをまず知ることだ。

　そのビジネスが仮に上手くいっているのであれば、その見込み客に対して商品を変えて提案することだ。その発想を忘れてはいけない。

　新規事業を成功させたければ、見込み客は絶対変えてはいけない。


　たとえば、１００円ショップでは、自分のところの1番の売れ筋商品をコンビニとかデパートに持っていったりしない。必ずそこにいる見込み客の現実を把握して、新しい商品をどんどん投入している。テレビショッピングも同じだ。テレビショッピングで見込み客の現実を把握したら、その人たちに対して新しい商品をどんどん提案していく。

　だから、商品がいくらよくても違う市場に持っていったら、仕切り直しになる。なぜなら、その市場においては信用がなく認知から取り組む必要があるからだ。だから、せっかく見込み客がいて、そこそこ売りがあるのであれば、まずはその見込み客を徹底的に調査して、次の商品をそこに投入することを考えた方が絶対いい。そういうことだ。

スカイプコンサルが終わったとき「明日、誕生日会だね。楽しんで」といった。私からは特大のケーキを手配しておいた。明日、沙良ちゃんの誕生日会を開くお寿司屋さんへ届くだろう。たしか、神奈川県の三崎にあるお寿司屋さんだった。ただ、沙良ちゃんの表情はあまり明るくなかった。

11月2日に、ちょっとした異変が起こった。首相秘書官が予約していた「金太郎寿司」が食中毒を発生させてしまい、1ヵ月間の業務停止になってしまったのだ。

その情報が首相官邸に届いたのは11月3日の午後だった。会見まであと5時間だった。

「どうしましょう」

秘書官は首相に指示を仰ぐ。

「しょうがないじゃない。三崎には他にもお寿司屋さんがあるでしょ」

いつも冷静な首相閣下。

「それが、どこも予約ができないんです。いまから貸しきることは不可能です」

「貸しきらなくてもいいんじゃない？　カジュアルな服装に着替え一般客に紛れていけば」

「大丈夫でしょうか？」

「大丈夫だよ。サングラスに帽子かぶっていけばわからないでしょ。お店の中には、4人くらいで入ってさ。2対2で。そうだな、こっちはマサちゃんと僕ね。あとは全員外で待機。食事してすぐ出てくるから30分くらいでしょ？　先方にもいっておいてね」

「かしこまりました」

「三崎で1番お寿司がおいしい店、調べといてね」

「あ、それならわかります」

「なんて店？」

「桃太郎寿司です」

首相官邸から黒塗りの車が3台連なって出発した。首相閣下の隣には雅彦さんが乗っている。首都高速海岸線を横浜方面へ走る。首都高速から横浜横須賀道路に入る料金所に黒塗りの車が停まっていた。若き北の将軍様が乗っている車だ。

黒い車たちは連なって三崎港を目指した。

桃太郎寿司では、入口手前のテーブル席に文蔵さんと沙良ちゃんと梅子さんが陣取っていた。マグロ寿司の大トロから赤身までお腹いっぱい食べた後、いよいよケーキが出てくるという瞬間だった。そこへ、サングラスをかけた4人組が入ってきた。サングラス4人組は、文蔵さんたちのテーブルの前を過ぎて奥のテーブルに座ったのだが、文蔵さんはかねてから首相をモニターにすると宣言していたので、そのテーブルにいる人がその人であることに勘づいてしまった。もしかすると、ここで文蔵さんが首相閣下に気づかなかったら、この後の大事件には発展しなかったかもしれない。

文蔵さんはズカズカと首相のテーブルに近づいていった。

「見つけましたよ。首相。何度も手紙を差しあげたんですよ」

「おや？　君は誰かな？　ちょっと待って、いわないでよ。当てるから」

いつも冷静な首相閣下はユーモアを決して忘れない。

「あなたをお慕いしている、いち国民ですよ」といいながら、首相閣下の隣の席に座っているのが、雅彦さんであることに気づいた。

「え？　何で、お前がこんなところにいるんだ？」

「何でって、親父こそ！」

文蔵さんと雅彦は喧嘩を始めてしまった。

梅子さんがこちらのテーブルにやってきて、驚きの声をあげる。

「あら、久しぶり。シンちゃんでしょ」

「おやおや、梅子姐《ねえ》さんじゃないですか」首相閣下がいった。

実は首相の父親と梅子さんの父親は同じ政党の盟友だった。その関係で、首相と梅子さんは小さい頃からままごと遊びをしていた仲だった。

「こんなところで会えるなんて、嬉しいわ。何年ぶりかしら」

「そうですね」

首相閣下が指を折って考えながら、「今日は、何をしに？」と梅子さんに聞いた。

「孫娘の誕生日会なんですよ」

そういって梅子さんは沙良ちゃんを手で示した。

同席した若き北の将軍様が「こちらのご婦人は？」と尋ねる。突然、カジュアルな服装でサングラスをかけるようにいわれたものだから、若き北の将軍様は、空港のユニクロで購入したトレーナーを着ていた。胸にはＬＯＶＥとプリントがあった。

そして、若き北の将軍様は、世界が考えているほどイケすかない人間ではなかった。どちらかといえば、誠実で真面目で、人懐っこい好青年だった。

ひとことでいうと誰とでも友だちになれるようなタイプの人間だった。さらにいえば、子どもに優しいところがあった。とくに、誕生日と聞いては、放っておけなかった。

タイミングよく誕生日ケーキがやってきた。若き北の将軍様は、そのケーキを店員から奪い、私が持っていくと流暢な日本語でいった。

そのとき、店のドアが開き、和子さんが入ってきた。目の前にケーキを持っている若き北の将軍様がいてちょうど対峙する形となった。頭の中が１００％拉致事件に対する憎しみと怒りでいっぱいになっている、その執念が目指す相手を目の前に出現させたと思った。和子さんは若き北の将軍様に向かって暗記した朝鮮語を矢のように放った。

「＃＄％＆＆％！＄＆％＊？＼＼」

和子さんの言葉を通訳できる者は世界広しといえど誰もいなかった。和子さんは何度も若き北の将軍様をテレビや雑誌やユーチューブなどで見ているので間違えることはない。サングラスをかけているが間違いなく若き北の将軍様だ。ＬＯＶＥのトレーナーを着ているが間違いない。ケーキを持ってハッピバースデイを歌っているが、間違いなく若き北の将軍様だ。

そして、若き北の将軍様が捧げているケーキとハッピバースデイの歌を贈られている少女に和子さんは視線を移した。びっくり！　うちの娘じゃないの。なんで？　なんで、ここにいるの？　緊張と混乱がピークになった。悪の国家元首に向かって暴言をはいたことで和子さんは限界を超えていた。和子さんは口から泡を吹きそうになるのを必死にこらえるしかなかった。

文蔵さんと雅彦さんは周囲が見えなくなるほど激昂している。首相閣下と梅子さんは昔を懐かしむことに夢中である。店員たちはどういうことなのかわからず、キョトンとして途方に暮れている。その他のお客はカウンター席にカップルがいるだけで、そのカップルは文蔵さんと雅彦さんの喧嘩のとばっちりを受けることを恐れて、下を向いたまま耳をふさいでいた。

この場を収拾したのは若き北の将軍様だった。

「みなさん！」

若き北の将軍様はにこやかにいった。

「みなさん！　注目してください！」

若き北の将軍様は笑顔を絶やさない。なんかいい奴だった。まず、首相閣下と梅子さんが若き北の将軍様に視線を向けた。次に沙良ちゃんと店員たち。文蔵さんと雅彦さん。カウンターのカップル。そして和子さんだ。

「私から提案があります。このお嬢ちゃんが、今日、誕生日なんです。お店のみんなでお祝いをしませんか？」

若き北の将軍様には不思議な力があった。その場にいる人々を友だちにしてしまう力だ。若き北の将軍様の提案に反対する者は誰もいない。不思議と同意したくなるような雰囲気ができあがってしまっていた。

「いいね。じゃ、この店の勘定は、全部私が持つよ」と首相閣下。

それから、ハッピーバースデイ・トゥーユーの大合唱となった。

雅彦さんはこれで交渉成功なのか、それとも失敗なのかと考えながら歌を歌った。

それにしても忌々しい親父だと、背中を蹴り飛ばしてやりたい衝動を必死で抑えた。

和子さんは歌を歌いながら頭の中が混乱していた。いままで想像していた人物と目の前でにこやかにしている人物がまるで別人だったからだ。

あの憎き北の将軍様が、娘のためにハッピーバースデイ・トゥーユーを歌っている。流暢な日本語を話している。そして、かなりいい奴だ。いったいこれはどういうことなのだろう。私はマスコミに騙されていたのだろうか？　それともこの現実が嘘なのか？

若き北の将軍様はケーキを自ら切りわけて、沙良ちゃんに渡した。

「お誕生日、おめでとう。素敵な王女様！」

若き北の将軍様は片膝をついて恭しく頭を下げた。

「ありがとう」

沙良ちゃんはこの男性とならば友だちになれるような気がした。

首相閣下と若き北の将軍様の会談は成功に終わった。トップ2人は一般人の誕生日に同席したことを苦にするどころか、上機嫌で帰っていった。首相閣下は、側近たちに「キムちゃんて、なかなかいい奴じゃん」と話していたし、若き北の将軍様も「日本が好きになったかも」「家族はいいものだ」「拉致被害者は全員返すべきだ」「我が国は反省しなければならない」といっていたという。

ところが、秘密裏に行われたトップ会談が若手新聞記者にすっぱ抜かれたのである。新聞記事には「カジノの利権を北朝鮮に売り渡した売国奴」とあった。これをテレビ各局は重要視し、連日大々的に報道した。報道時間は各局合計で50時間を超えた。国会では首相閣下の退陣要求が議題に乗るようになった。

雅彦さんの会社でも大騒動となっていた。このトップ会談をお膳立てしたのは誰だということになった。雅彦さんは当然、部下の責任にしようとしたのだが、あいにく、その部下はすでにアフリカのプラントプロジェクトに異動になっていた。雅彦さんは、どうにも逃げられなくなった。

さらに、雅彦さんに恨みを持つ者たちが一斉に蜂起した。恨みを持つ者たちの怨念は周囲に伝播していき、復讐に燃える同志が10人、20人と集まってきた。この動きに目をつけた労働組合長が、組合あげての争議に切り替えてしまった。

「これ以上、パワーハラスメントを許してはいけない！」

「経営陣は岡田雅彦を即刻解雇せよ！」

ハチマキを巻いた労働組合の組合員と復讐に燃える者たちが合流して役員室へつめかける。

役員の中で雅彦さんを擁護する者は１人もいなかった。雅彦さんが無能な社員であることは役員たちも知っていることで、雅彦さんをクビにすることに異議のある者は誰１人としていなかった。雅彦さんがいなくなっても会社には何の損失もないのである。

人事部長は雅彦さんにこのような提案をした。

「今回の損失を補てんするために20年間タダ働きをしながらパワーハラスメント裁判を1人で戦うという道を選ぶか、それとも辞表を提出するか、どっちにする？」

「辞表を提出します」

大学を卒業して25年以上も満員電車に押しつぶされそうになるのに耐えながら通勤した会社を、雅彦さんはあっさりとクビになった。自分の人生が、すべて無駄だったような感じがした。


和子さんは自分がいままで何も見ていなかったことに気づいたらしい。

冬の朝、和子さんは朝食についている家族に宣言した。

「私、自分探しの旅に出ます」

食事を用意していた梅子さんが「じゃ、今日の朝食はいらないのかい？」と聞いた。

「はい」

和子さんは白装束の姿でリュックを肩にかけ竹傘をかぶった。これから2ヵ月かけて四国88ヵ所を歩いて廻るというのだ。

「自分の足で歩いて、自分の目で見て、世の中を実感したいんです」

41 競合に打ち勝つ２つの戦略

１週間がたち、スカイプコンサルの日がやってきた。

講義の前に私は文蔵さんとビジネスについて話し合うことにした。

「ところで、文蔵さんは、どんな思いで会社を作られたのですか？　聞けば、いままで会社勤めは一切やったことがないといわれていましたよね」

「船ヶ山先生と同じ理由です。船ヶ山先生も会社を自分の子どもたちに残したいという思いで始めたといわれましたよね。それを聞いて、ああ、この先生にコンサルをお願いしてよかったなと思ったんです」

「私の会社は株式会社レムズリラといいます。長男の名前がレムで長女がリラなんです。それでこの社名を考えました。私のプログラムも、すべて子どもたちに伝え残すことを考えながら作っています」

「私も、この会社を息子の雅彦に残してやりたいんです。もちろん、沙良にも」

文蔵さんは涙ぐみ始めた。確執のある雅彦さんに会社を残すといっても難しいことかもしれない。雅彦さんが受け取らないだろう。そのことを考えて涙が出てきたようだ。横で、沙良ちゃんも泣いていた。

「おじいちゃんには、もう時間がないんです！」

沙良ちゃんは、「もう時間がない」と繰り返しいいながら泣き崩れてしまう。文蔵さんは困惑気味に沙良ちゃんを抱きしめた。

沙良ちゃんの泣き方が尋常ではなかった。何かあるのだろうか？　そして「時間がない」とはどういう意味だろうか。

「ごめんなさい。講義を始めていただいてもいいですか」

少し落ち着いてから沙良ちゃんはいった。

「それでは、講義を始めましょう。今日は、『競合に打ち勝つ2つの戦略』についてお話ししますね」

「よろしくお願いいたします」

文蔵さんは何とか元気を取り戻して返事をした。沙良ちゃんは深く沈んでいた。

「文蔵さんは、どうすれば競合に勝てると思いますか？」

「競合がまだやっていないサービスを提示する」

「ちょっと漠然としてますよね。お客様というのはどこにいると思いますか？」

「競合他社でしたね」

「その競合他社にいるお客様にはどうアプローチできると思いますか？」

「いや、わからないです」

文蔵さんは根をあげた。

１番簡単なのは、競合他社のお客様に向けて競合他社の穴をふさぐ提案をすればいい。そうすれば確実にこちらに誘導することができる。しかし、どこに提案すればいいのかわからないのではないだろうか。

それは、競合他社がどこに広告を出しているかを調べればいいのだ。競合他社がお金を出して、そこに広告を出しているということは、広告料を支払っても利益が見込めるということを意味している。

ただ、ここで注意しなければいけないことがある。競合他社がずっと同じ媒体に広告を出し続けているかどうかを調査することだ。

競合他社が広告を少し出してすぐに止めていたら、それは儲からないということだ。そこに広告を出す必要はない。広告費を無駄にすることはないだろう。

もう1つ、広告表現もチェックする必要がある。たとえばころころ切り口を変えていたり、デザインとか見せ方を変えていたりしているのは、儲かっていない可能性がある。ようはテストをしている段階なのだ。もしも、広告表現を固定で出しているのであれば、広告で反応がとれているということになる。それを見つけたらしめたものだ。

あなたも同じような広告を出せばいいのだ。競合他社は、自腹を切って、あなたのために効果のある広告とそうでないものとをテストしてくれているのである。

小資本で成功したいのなら、とにかく競合他社を調べることだ。

まず紙を2枚用意していただきたい。1枚には「競合他社の強み」と書く。そして真ん中に線を引いて左側に「強み」を30個から50個リストアップしていく。その線の右側にはその強みに対する対抗策を考えるのだ。自分だったらこうするという対抗策を書いていく。たとえばその会社のホームページが目を引くという強みを感じたら、それに対して自分だったらこの色合いをこうするとか、この写真をこうするという対抗策を書くのだ。

もう１枚の紙には「競合他社の弱み」と書く。同じように真ん中に線を引いて左側には競合他社の「弱み」を30個〜50個書く。たとえば、ホームページならば、このボタンは見づらいなとか、この決済方法だったらわかりづらいとか、弱みをリストアップする。

次に、右側に自分だったらこういうふうにするなという、弱みに対する解決策を書いていくのだ。

競合他社の穴を埋めて成功した事例がある。立体駐車場システムを販売している会社でのことだ。その会社は後発で、しかも他社よりかなり高い値段設定をしていたので、競合他社のシステムを入れているお客様に会いにいき、ヒアリング調査を行った。

「どんなお悩みがありますか？」

質問はこれ１つだ。

その結果、立体駐車場の管理人が１番嫌なことは「場内の事故」だった。

その会社はその部分を改善しようと考えた。機械をバージョンアップするとか機能改善するわけではなく、場内で起きた事故についてはすべて面倒見ますという特典をつけたのである。いうなれば、保険込みで立体駐車場システムを販売したわけだ。この戦略が当たって、その会社は業界トップの座を射止めることができた。

競合他社を調査すればビジネスチャンスはいくらでも広がるということだ。まずは、競合他社の強みが何なのか、弱みが何なのかを書き出してみることだ。その弱みを商品側で解決できるものじゃなければ、特典で補えばいいだけのことだ。

「いかがですか？　競合他社の調査を今日から、やってみてくださいね」

「はい」

文蔵さんは元気よく答えたが、沙良ちゃんはうつむいたままだった。

「どうしたの？　沙良ちゃん」

私はスカイプ画面を通して沙良ちゃんに呼びかけた。

「私、私、私……」

沙良ちゃんは思いつめたような声を絞り出した。

「大丈夫？」

「もう、黙っていられません」

沙良ちゃんは一度パソコンカメラから目をそらし、文蔵さんの方に向かって「もういい？」といった。文蔵さんは大きくうなずいた。

静かな、そして聖なる儀式でも見ているようだった。

「実は、おじいちゃんはガンなんです。余命半年の宣告を受けているんです」

沙良ちゃんは、涙を必死でこらえていた。

「えっ」

私は衝撃を受けた。画面で見る限り文蔵さんは元気そのものである。42・195キロ走った後、さらに無人島まで泳ぎそうなくらい元気に見える。人間の命とはこうもはかないものかと思った。

沙良ちゃんはうつむいて、大粒の涙を落とした。

「どうして？　どうして？　どうして、こんなことになっちゃうの？」

そのころ、雅彦さんは知人の会社へ面接にいった。求人広告や求人サイトの情報を見て再就職活動をする気にはなれなかった。国家プロジェクトで億単位のお金を動かしてきた男が、消耗品みたいな歩兵仕事ができるか、という思いが、そこにはある。

雅彦さんだって、大手コンサルタント会社から歩の駒としてきり捨てられたことをすっかり忘れていた。

「お宅の年商はたかだか50億円でしょ。私はかつて100億円のプロジェクトのリーダーを務めていましたから」

などと面接官にいってしまうのだ。

当然、採用してくれるところは1つもなかった。

42 2つのマーケット

また1週間が経過した。スカイプコンサルの日だ。この日、沙良ちゃんは体調不良ということで参加しなかった。文蔵さんだけのコンサルとなった。文蔵さんはいつも通り、元気そうに見えた。笑顔の裏ではガン細胞が肉体をむしばんでいるのだと思うと、私も講義する声が自然と落ち込んでくる。

この日は、『2つのマーケット』というビジネス思考について話した。市場に入ったお客様と、市場にまだ入っていないお客様は、反応率も違うし、見せ方やアプローチ方法もまったく違うという話である。

たとえば、コンサルを受けたことがある人に、コンサルを売るのは、さほど難しくない。

しかし、受けたことのない人は、コンサルタントに騙されるんじゃないかとか、高いお金を支払ってもそれに見合うだけのメリットがないんじゃないかとか、不安と恐怖がブロックしてしまうが、受けたことのある人はそうした心のブロックがない。

心のブロックを取り除くためには、夢を大きく見せるアプローチが有効だ。大きな夢で、不安と恐怖を乗り超えさせるのだ。大豪邸に住んでいる写真やクルーザーに乗っている写真を見せ、天秤を夢の方に傾かせなければいけない。

ただ、これだけでは市場にまだ入っていないお客様を取り込むことはできない。そこにある要素を追加する必要があるのだ。それは小さなステップを踏んでもらうことだ。

まだこちら側の市場に入っていないお客様に、いきなり10万円とか１００万円のものを買ってもらうのではなく、低単価の２０００円か３０００円のものを買ってもらえばいい。そうすると、恐怖が夢に変わる。

市場にまだ入っていない人にアプローチするときには小さなステップを踏んでもらうことだ。まずは、これまでに自分の業界の商品を使ったことがあるのか、使ったことがないのかを確認した上で、市場の外の人であれば、まずは、夢を語ってリスクを下げてあげて、小さなステップで入ってきてもらうという方法だ。

まずは安い商品でこちらの市場に入ってきてもらう。そして、次にどんどん高い商品を買ってもらうのだ。そうすることで免疫力ができてくる。過去に20万円の商品を購入したお客様は、５万円だったら安く感じる。ここがポイントなのだ。

まずは雑談の中でさり気なく「コンサルとか受けたことあるのですか？」と聞く。ただそれだけで、自分の市場の外にいる人なのか、内側にいる人なのかがわかる。そのとき「いままでどれくらいのコンサルティングを受けてきましたか？」と質問してもいい。

１００万円とか２００万円とか、中には１０００万円もつぎ込んだと自慢する人もいる。

コンサルを受けたことのある人であれば、ここでいちいち夢を語る必要はない。過去に受けたコンサルが上手くいったかどうかを尋ねればいいだけのことだ。

「自分には、どうも合わなかった」とか「時間にルーズなコンサルタントだった」とか過去のコンサルに対するフラストレーションをいうかもしれない。その段階で、そのフラストレーションを解消するような提案をすればいい。

簡単だ。同じような金額を提示しても抵抗がないのですんなり契約が取れる。さらに、内側にいる人に対して価格をあげていくことは、それほど難しくない。なぜなら、「結果の大きさは価格に比例する」と思い込んでいる人が、世の中には多いからだ。

この手法は、対面でのセールスでも役立つし、セミナーや説明会で使ってもいい。

「ですから、市場内、市場外という2つのマーケットを意識して顧客管理やアプローチ方法を工夫してみてください」

「わかりました。ありがとうございます」

文蔵さんは頭を深々と下げた。

「ところで、沙良ちゃんの具合はどうですか？」

「大丈夫ですよ。気分がちょっとすぐれないだけですから」

「雅彦さんはその後、どうされましたか？　再就職はできましたか？」

私は文蔵さんの心のブレーキになりそうなことを尋ねた。心のブレーキを外さなければビジネスは上手くいかないからだ。いくらノウハウが優れていても、マインドが後ろ向きでは成功は1ミリも近づかない。サイドブレーキをかけたままアクセルを踏むようなものだからだ。そのブレーキは、本人だけでなく、家族が知らぬ間にかけていることが多いのだ。

「それがね。梅子ばあさんに叱られたんですよ」

「何て叱られたんですか？」

「家でぶらぶらしているんだったら、おじいちゃんの仕事を手伝ったらどうなのって」

「で、どうなったんですか？」

「しぶしぶやってますよ。里奈さんの指導を受けながら、まずは名簿管理と、セミナー受講者へ前日の案内メールを送る作業なんかをやってます。それがね……」

「どうしたんですか？」

「まるでダメなんですよ。国家プロジェクトに参加したとかなんとか自慢してましたが、実際の実務はてんでなっていないんだからね」

文蔵さんは嬉しそうに笑う。できないなりにも、息子が自分の仕事に手を貸してくれることが嬉しいようだ。

「よかったですねぇ」

「里奈さんに叱られながらやってますよ。再就職できないことがよほど身にこたえたみたいですよ」

フフッと文蔵さんは笑った。

43 ターゲットにアクセスする2つの視点

スカイプコンサルの日がやってきた。

「今日は『ターゲットにアクセスする2つの視点』について講義します」

「よろしくお願いいたします」

今日も文蔵さん1人だった。

「文蔵さんはターゲットって聞いたことありますか？」

「年齢とか職業とか、悩みとかの共通項という感じですかね」

「それがターゲットだと思っていますか？」

「以前、少しお話したのですが、ターゲット＝見込み客だと思っている人が多いのですが、ターゲットは見込み客ではありません。まずは、見込み客からターゲットをしぼるというのを第一原則として覚えていただきたいのです。その前提で、いまからお話することを聞いてください。それは何かというと、ターゲットにアクセスするには2つの視点があるということです。多くの人が始めにターゲットを決めてしまいます。ターゲットを決めてしまうと、実は、ビジネスがすごくやりづらくなるということです」

「どうしてですか？」

「文蔵さんのビジネスは中小企業の経営者がターゲットですよね。初めにターゲットを決めてしまうと、その人にどうやってアプローチできるかを考えていかなければいけません。1人ずつ探すのはさすがに無理ですよね。ということは、何かの媒体だったり、広告を打って集めなければいけません。そうすると、その媒体がなかったらいきづまってしまいます」

「そうですね」

「ターゲットを先に決めてしまうということは、実はその媒体探しに、苦戦するということなのです。なので、この２つの視点というのは何かというと、まずは、媒体基準ということです。そして、もう１つが人基準という事です。ターゲットを決めるというのは、いまの人基準ということなのです」

「え？　どういうことですか？」

文蔵さんはカメラの前に急に乗り出してくる。

「人を先に決めてしまったら、その人に到着するまでの媒体を後から探さないといけないということになります」

「そうですね」

「媒体基準で決めるとどうなりますか？　文蔵さんが広告できる媒体があるとします。その段階ではターゲットをまだ決めていません。たとえば、コミュニティ紙だとかネットだとか、そういった媒体です。ネットでもアマゾンとか、楽天とかいろいろあります。アマゾンの場合は、30代から40代の男性層。楽天の場合、20代から30代の女性層が多いんです。同じネットですけれど、楽天とアマゾンでは、そこにいる人たちが違うんです」

「なるほど」

「自分の商品が30代の男性層向けのものであれば、楽天に出しても反応が取れないですよね。なぜかというと、そこに滞在している人が少ないからです。であれば、30代から40代の男性層を得意としているアマゾンに出した方がいいですよね」

「そうですね」

「これが媒体基準ということです。媒体の属性が誰なのかをまず知ることです。そして、そこにいる人たちに向けて自分の商品を当て込むという発想です」

私はさらに解説した。

ターゲットを決めて、そのターゲットに向けてメッセージを投げると、どこに投げていいのかがわからなくなってしまう。だから、先にターゲットを決めてしまうことで、多くの起業家が苦しむ羽目となるのだ。インターネットで告知するならば、インターネットという媒体にはどのような消費者がいるのかを見極める必要がある。その人向けにメッセージを変更したり、商品を改善したりしてアプローチすると上手くいく。

ようするに、戦う市場というのは媒体視点になるということだ。テレビショッピングもそうだし、秋葉原という街も１つの媒体ととらえることができる。

昔だったら、電化製品を買うなら秋葉原といわれていた。だから電化製品を買う人が秋葉原に集まる。街全体で見込み客を集めていたことになる。電化製品を売りたいのだったら秋葉原に進出すれば、見込み客だらけということになる。これが媒体視点ということだ。

ただ、ここで注意しなければいけないことがある。媒体に依存しすぎるとビジネスが終わるケースもあるということだ。

昔、グーグルがある商品に対して、広告に制限をかけた時期がある。それで、その商品を売っていた人たちは、バタバタ倒産した。

だから、１つの媒体に依存してしまうとビジネスがいきづまることもあるのだ。１つの媒体だけに固執するのは危険だ。アプローチできる媒体は複数持っておくといいだろう。

「すごいですねぇ。船ヶ山先生。そういう発想なかったです。びっくりしました！」

文蔵さんは目を輝かせる。媒体視点になれば、いくらでもビジネスは発展する。多くのビジネス書では人視点でターゲットを決めるようなことをいっていたが、そんなことをしていたら広告費がいくらあっても足りない。ビジネス書には嘘ばっかり書いてある、と文蔵さんは熱弁を奮った。

「ところで、雅彦さんは、その後、いかがですか？」

「それが、困ったもんですよ」

文蔵さんは雅彦の失敗談を話し始めた。先週はおもしろそうに話していたが、今週は少し落ち込んでいるようだ。

最初は雅彦もやる気を見せていたのだが、ここ2、3日はやる気さえないという。パソコンを立ちあげてもボケっとしているだけだし、里奈さんに叱られるとプイッと外へ出てしまう、まるで反抗期の子どものような態度だった。梅子さんが小言をいうと、寝室に閉じこもったきり出てこなくなり、食事もいらないと拒否するのである。

「どうしたらいいのか、さっぱりわからなくなりました」

「次回のスカイプコンサルに雅彦さんも同席することは可能でしょうか？」

「首に縄をつけてでもパソコンの前に連れてきます」

「そうですか。それで1つ試してみたいことがあります」

「何ですか？」

「もしかすると、劇的に変わるかもしれません」

「あいつが変わってくれると嬉しいのですが、変われますかねぇ」

「やってみないとわかりません。試してみる価値はあると思います」

「船ヶ山先生、よろしくお願いいたします」

「来週、よろしくお願いいたしますね」

「はい」

文蔵さんは決意みなぎる声で返事をした。

四国を巡礼している和子さんから家に絵葉書が届いた。「１ヵ月間、歩き続けて、心が清浄されていくようです」とあった。

44　お客様を引きよせる価格設定

スカイプコンサルの日だった。この日から雅彦さんが同席することになっていた。

私はパソコンを立ちあげてスカイプ通信につなげた。

文蔵さんが前列にいて、その後ろに雅彦さんがいた。恥ずかしそうに顔を下に向けている。髪型もボサボサで公園の炊き出しに行列を作る人たちのような姿だった。雅彦さんの後ろに沙良ちゃんがいて、雅彦さんが逃げないようにシャツの裾を小さな手で握っていた。

「今日は、『お客様を引きよせる価格設定』というビジネス思考についてお話していきたいと思います。では、よろしくお願いいたします」

「よろしくお願いします」

文蔵さんと沙良ちゃんが返事をしただけで雅彦さんは声もなく、ボサボサの頭をポリポリとかいていた。

「文蔵さんのビジネスは、ノウハウのＤＶＤ制作ですよね。ちなみにライバル会社はいくらの価格を設定していますか？」

「以前も話したことがあると思うのですが、１００万円とか、１５０万円という価格設定です」

「でも、文蔵さんのサービスパッケージは50万円ですよね。なぜ、そういう価格にしたのですか？」

「初めての商品のリリースということで、価格に対する自信がなかったんです」

「独立起業するとき、この価格決めはすごく悩ましいところです。自信は価格に影響しますので、少しずつ着実に自信をつけるようにしてください」

「はい」

「まず1つ目の決め方が、業界が持っている価格を見ることです。自分の商品に対する価格ではなく、業界が持っている価格というのがあります。具体的には、競合他社の平均値です」

「次に、その平均値を考えることなく真似します。その際のポイントは、感情を入れてはいけないということです。なぜなら、競合他社はその金額でビジネスが成り立っているからです」

「なるほど」

「後は、パッケージ商品でお得感を出すというやり方があります。少しイメージしていただくために、いまから、スプレーのノズルを販売している会社の事例をお話しします。スプレーの押すところです。それだけを売っている会社です。小さい市場ですが、ニーズがずっとあって売れていくのです。競合他社は、50個パックで販売していました。誰が買うのかというと、街で落書きしているアーティストたちが、買ってくれるのです。ただ、初心者アーティストにはいきなり50個もいらないですよね。ちょっと多すぎます。そこにフラストレーションがあったのです。色が6種類あるので初心者には6個あれば十分。しかも送料込みで3000円にして売ったら、結構飛ぶように売れたのです。ノズル1個あたりの値段は50個パックよりもかなり高くなりますが、こちらの方が売れるんです」

もう1つの決め方は、バックエンド商品も一緒に考えることだ。5万円の音声のみの商品をフロントエンドにして、バックエンドは50万円のDVDと設定したとすると、5万円の商品が300人売れるとする。5万円で300人だと1500万だ。

そして、そこから、バックエンドが10％売れたとしたら、50万円の30人で1500万円。合計で3000万円となる。そうすると、5万円の商品は、その3000万円の種を作っているということになる。

この感覚を持つことが重要になる。この感覚さえあれば、フロントの商品でクオリティの高いものを作って競合他社を圧倒させることができる。しかし、サラリーマン的な思考で商品の単体の価格しか見ていない場合、大海を夢見ることさえできない井戸の底でのたうち回ることになるだろう。

もう1つは、バックアッププランを用意しておくことも考えてみるべきだ。ビジネスというのは障害だらけである。DVDを制作する撮影機器だったり、音響機器や編集機器などが故障したり、急に委託会社が倒産したり、何が起こるかわからないのがビジネスだ。関わる人数が増えれば増えるほど障害は当然多くなる。

そのために、最後の砦だけは押さえておかなければならない。当然そのときは、経費があがるかもしれない。しかし、ちょっと障害があったからといって「ああ、もうダメだ」となるのではなく、障害がある中でも最高のものを作り出すという気持ちで、コスト計算しておく必要がある。

「なるほどねぇ」

と文蔵さんが感心する。

「雅彦さんはいかがですか？　理解できましたか？」

私は思いきって雅彦さんに矛先を向けてみた。文蔵さんのビジネスにも、このスカイプコンサルにも後ろ向きの思いで参加していることは容易に想像できる。

しかし、本当のところは私にもわからない。文蔵さんのビジネスを嫌々手伝っているのかどうか、本音を引き出したいところだ。文蔵さんと梅子さんにいわれ、沙良ちゃんにシャツの裾をつかまれ、無理矢理パソコンの前に座らされているのだろう。

「中小企業は、こういう面倒臭いことをチマチマと考えなきゃいけないんですよね」

雅彦さんは投げやりな口調でいった。

「大企業の看板のもとで働いてきたお前にはわからんよ」

文蔵さんが横やりをいれる。ムッとした表情になる雅彦さん。一触即発だ。喧嘩になるのかと私も身構えた。

「雅彦さん、1つ提案があります」

「何でしょうか?」

雅彦さんは、ブスッとしている。

「今度の説明会のとき、文蔵さんに代わって講師をやってみてください。人前でプレゼンとか何度もやってきている雅彦さんなら、お手のものでしょ」

「もちろんです」

「では、こうしてください。１回目は、雅彦さんの思う通りに話してみてください。そして、２回目には、私が書いたスクリプトをメールで送りますので、その通りにやってみてください。いかがですか？　できますか？」

「簡単なことですよ」

　生意気な目つきでカメラを睨む雅彦さん。

「次回のスカイプコンサルまでに説明会を２回できますね。次回、結果を教えてください」

「いいですよ」

　雅彦さんはつっけんどんにいった。

「説明会で１件でも成約が取れたらすごいぞ。これまで里奈さんにバカにされてきたのを挽回できるじゃないか」

　文蔵さんは雅彦さんの肩をパンパンと軽く叩いて激励した。

45 得を感じさせながら値あげする方法

「私のプレゼンで5人も契約が決まりました！」

雅彦さんが興奮していった。1週間後のスカイプコンサルでのことだった。

1回目では申込書に名前を書き込んでくれる参加者は1人もいなかった。人前で話すことには慣れていたので多少自信があった。1人くらいは申込者がいるだろうと思ったのだが、結果はゼロだった。2回目もゼロだったら里奈さんにまたバカにされる。「一流企業に勤めてたわりには使えないっスね」とからかわれるのだ。それだけは避けたい。

2回目はスクリプト通りにやってみた。説明会の中で参加者たちの求める結果を語った。参加者たちの願望にフォーカスしたのだ。ノウハウDVDを制作することが目的ではなく、そのノウハウでさらなるビジネスの発展を求めているわけだ。そのためにDVD制作がある。

What toは出すけど、How toは出さないという話し方をした。What

ｔｏとは何をするかである。この場合、ノウハウＤＶＤを作るということだ。そして、Ｈｏｗ ｔｏとは、どのようなＤＶＤを作れば商品として価値が出るのか、あるいはどのように作ればいいのかという部分だ。その部分は説明会では決して話してはいけない。しかしセミナーや説明会で商品が売れないという人は大概このＨｏｗ ｔｏまでセミナー中に話してしまい、参加している人の満足度はあがるけど、肝心な商品が売れないというジレンマに陥る。

クロージングに関してもスクリプトの中に事細かに書いてあった。雅彦さんはスクリプト通りに話した。

「さあ、それでは、申込用紙を受付まで持ってきてください」

雅彦さんがそういった瞬間、３人がスッと立ちあがった。３人は列をなしてそのまま里奈さんが待ち受けている受付席まで持ってきた。それにつられて、２人が立ちあがり、申込書を受付まで持ってきた。合計５人がその場で申し込んだのである。いままで文蔵さんが説明会を開催した中で、３人が最高だったのだが、それを超える成果が出た。

雅彦さんは目を疑った。自分がまるで魔法使いにでもなったみたいな感覚に襲われた。マニュアル通りに魔法の杖を振るとカボチャが金色の馬車に変わり、ネズミが白馬になる。半信半疑だったが、スクリプト通りに話すと申込者が5人も出てくるのだ。まさに魔法だ。これがノウハウというものなのかと雅彦さんは頭の中のＯＳがすっかりアップグレードしたような気分になった。

「いやぁ。ノウハウって大事なんですね」

雅彦さんは嬉しそうにいった。

「よかったですね」

私は、笑みをたたえた。小さな成功体験を積ませてあげると、相手の信頼を得ることができる。雅彦さんは私に対して懐疑的だったが、この成功体験で一気に私のことを信頼するようになった。

「自信を失いかけていたときだけに、嬉しいです」

「じゃあ、講義に入りましょう。今日は、『得を感じさせながら値あげする方法』をお話しします」

「よろしくお願いいたします」

雅彦さんが１番大きな声を出した。先週とは１８０度変わってしまったようだ。人間とは妙な生きものだとつくづく思う。

「今までに消費税ってどんどんあがってきましたよね。恐らく今後も日本は、どんどん消費税があがっていくと思うんですよ」

「ホントに頭にきますよね」

雅彦さんが憤る。

「文蔵さんの商品も今は50万円ですが、自信をつけたら、今後は100万円以上に値あがりするかもしれませんよね」

「どうでしょうか？」

文蔵さんが申し訳なさそうにいった。

「そのときにどうやって値あげをするかというお話なんです」

値あげには恐怖がつきまとう。値あげしたらお客様がいなくなっちゃうんじゃないかという恐怖だ。競合他社にお客様をみんな取られてしまうかもしれないし、悪い噂が立つかもしれない。

しかし、それは経営者が勝手に作りあげている妄想である。

まず既存客と新規客は違うということを意識しなければいけない。新しい価格ができたということは、当たり前だが既存客しか知らないのである。今からくる新規客は新価格しか目にしないので、昔の価格はわからないのだ。だから、価格戦略は既存客だけに対して行えばいい。

たとえば、2つの価格帯を設定する方法がある。Aコースは今まで通り50万円。Bコースは値あげして55万円にする。Bコースには特典が5つ付帯する。特典をつけるときのポイントは、それぞれの特典に値段をつけることだ。値段をつけなければお得感が伝わらない。

「特典1：3万円、特典2：5万円、特典3：1万円、特典4：1万円、特典5：1万円」合計で11万円の特典がつくという見せ方をするわけだ。

逆にAコースには1万円の特典が1つつくようにする。Aコースは51万円分の商品が50万円で手に入る。Bコースは61万円の商品が55万円で手に入る。さあ、どちらのコースを消費者は選ぶだろうか。

これは、多くの起業家が実証し、圧倒的にBを選ぶということがわかった。もしも、ここで全員がBコースを選ぶようになったら、Aコースを廃止すればいいだけのことである。こうすれば、違和感なく値あげができるというわけだ。しかも、得した気分になる。

ただ、このようにたくさんの特典をつけるとなると原価があがると心配する人がいるが問題ない。なぜなら、お客様は商品ではなくその先にある結果が欲しいだけなので、できるだけ原価がかからないものを特典として用意しつけてあげればそれでいいからだ。

たとえば、飛行機の上級会員になると、添乗員が名前を呼び挨拶に来る。しかしこれは原価がかかっていないが非常に満足感がありエゴが満たされる。このような視点で考えれば、特典に原価をかける必要などない。原価ではなくもっと頭を使うのだ。

これは「ついで買い」といわれるアップセルにも役に立つ。１００％の商品を１２０％とか１５０％にするのがアップセルの考え方だ。それを、アップセル商品を買って始めて１００％になるという売り方をすると上手くいかない。

たとえば、車を買ったとき、追加料金を払わないとタイヤをあげないよという商売はたいがい失敗する。

言葉遣いも工夫が必要かもしれない。車を買ったお客様に「おめでとうございます。これからあなたの生活はガラリと変わります。素晴らしい選択をされました」といって、商品は１００％の状態で引き渡すのだ。

そこでこういう。「ただ1つだけ心配があります。あなたはいままで車に乗り慣れておられませんよね。地図を片手に運転するのはすごく怖いと思います。そして、あなたの家族を危険にさらしてしまう可能性すらあります。が、カーナビをつけることで、あなたとあなたの家族を安全に、目的地まで迷うことなくお連れすることができます。だから、このカーナビをつけたらどうですか？」

大きなお世話といわれれば、大きなお世話である。しかし、商品を買って初めていままで気づかなかったものが見えてくるということがあるのだ。それを教えてあげないのは、逆に不親切ではないだろうか？

ただ、多くの人は、始めの商品を買うともいっていない時点でこのカーナビをつけた方がいいだとかホイルをつけた方がカッコイイだとか色々いってしまうが、いままで車に乗ったこともない人にとっては、なぜ、それらをつけた方がいいのかが分からないのだ。

なぜなら、まだ乗っていないので、この先どんな問題が起こりえるかが想像つかないからだ。だから、車を購入する前に色々いってしまうと面倒くさくなり「必要になったときにでも買います」といって断られる羽目となる。

だから、次の商品を売りたければ、買った瞬間を狙い、購入後起こり得る穴と解決策となる商品を、そのタイミングで販売することが非常に大切になってくるのである。

ちなみに、バックエンドとアップセルの違いは、販売するタイミングである。アップセルは買った瞬間にそういうものを教えてあげるのに対し、バックエンドはその商品を提供した後、やりとりしていく中で、穴を教えて、セールスしていくものだ。

「ちょっと質問があります」

雅彦さんが手をあげている。ビジネスの本質を熱心に学び始めたということだ。

「何でしょうか？」

「値あげのときにつけた特典はどのように考えればいいんでしょうか？」

「お客様が不満に思っていることを埋めてあげるための解決策を提示することです。

そのときに、特典の中でどれが１番喜ばれるかを知ってください。その喜ばれる特典を改良して次の商品にすることもできますし、メッセージに取り入れることもできます」

「なるほど、ビジネスっておもしろいですねぇ」

雅彦さんは、目を丸くしていう。大手コンサルタント会社に長年勤務していたが、こうしたビジネスの本質は何も学んでこなかったようだ。もっとも大企業相手のコンサルティングには必要ないのかもしれない。

「あのう」

沙良ちゃんが後ろからそっと声をかけてきた。

「どうしたの？」

私は沙良ちゃんの表情をパソコン画面でうかがった。悲しげな表情が日本とシンガポールの距離があったとしてもアリアリと見て取ることができた。

「実は、おじいちゃんが3日後に検査入院することになったんです」

「じゃあ、文蔵さんはお仕事ができなくなるんですね」

「はい」

文蔵さんが元気よく答えた。まるで病人ではないみたいに元気だった。また、そうして明るく振る舞う姿がよけいに涙を誘うのである。

「でも、大丈夫ですよ。こうして雅彦さんが立ちあがってくれましたからね。どうですか？　雅彦さんはお父さんの後を引き継ぐことができますか？」

「もちろんです」

「沙良ちゃん、お父さんがそういってくれてるよ。それに、里奈さんや、梅子さんもいるんでしょ。大丈夫だよ。よかったら、関わっている人、全員、来週からこのスカイプコンサルに参加してくれてもいいよ」

「ホントですか？」

「週１回、全員の心を１つにすることはビジネス成功の上でもっとも重要なことだよ」

「心を１つに、ですか？」

「そう。最強の組織とは、人数の多い組織でもなければ、優秀な人がいる組織でもないんだ。最強の組織とは、１人１人が学び合う気持ちを持ち、その全員が心を１つにすることなんだよ」

沙良ちゃんは大粒の涙をポロポロと流した。

「おじいちゃんがいなくなった分、みんなで支え合っていくんだよ。１人１人が学び合うことだ。そして、心を1つにすることだ。このメンバーならできる。きっとできるから」

私は一段と大きな声でエールを送った。

46 お金は1つのリスクでしかない

次のスカイプコンサルには中央に雅彦さんが座っていた。横には沙良ちゃんと里奈ちゃん。そして後ろに梅子さんが控えていた。文蔵さんの姿はなかった。

「今日は、『お金は1つのリスクでしかない』というビジネス思考についてお話ししていきたいと思います」

私はパソコン画面の4人に向かって講義した。文蔵さんのいなくなった穴をぜひとも埋めて欲しい。一致団結して乗り越えて欲しい。余命宣告された文蔵さんのことは悲しいことだが、会社を盛り立てて欲しい。会社を後世に残すことは文蔵さんの願いでもあるのだ。何としても、その願いを叶えてあげて欲しいという切なる思いで私は話した。

消費者が商品を購入するときにはいくつかのリスクが存在する。たとえば、お金だ。消費者はお金を支払うときに必ず痛みを感じているものだ。できれば払いたくないという保守心が出る。販売者側は、その保守心を破ってお金を払ってもらわなければならない。だから、そのリスクを取り除いてあげないといけないのだ。

返金保証は、このリスクを軽減する１つの手法だ。その商品に満足しなかったらお金を返しますというものだ。多くのマーケティングの本ではこの返金保証を礼賛している。ＵＳＰにも成り得るものだといっている。

しかし、そのことに騙されてはいけない。

返金保証がアダとなるケースもあるのだ。たとえば、手術を受けるとき、病院の先生が「すいません、失敗したら後でお金を返すので、この同意書にサインをしてもらえますか？」といわれたら、その病院を選ぶだろうか。誰も選ばないだろう。逆に不安になるではないか。

なんでもかんでもお金を返せばすむということではないのだ。

顧客はお金を返して欲しいわけではない。手術に成功して安全に病気を治したいだけなのだ。そんなときに、変なものを持ち出すと逆効果になる。大事なのは、顧客のリスクを軽減してあげることだ。

手術前の患者は成功するかどうか不安なのである。それを取り除いてあげればいい。たとえば、「この分野で1番の名医の先生が手術にあたります」といってあげたり、「術後は看護師が通常1名つくところを、2名つきます」とか、「24時間体制で1時間ごとに巡回していきます」とか。そういわれると患者の心の抵抗が少し軽減されるはずだ。

ここまで話してふと気づいた。今日の場合、このたとえ話はマズかった。文蔵さんが検査入院したばかりである。手術をしても助かる見込みはほとんどないということだった。おじいちゃんのことをこよなく愛する沙良ちゃんにとっては、酷な話だったかもしれない。

沙良ちゃんは下を向いたままである。いつも一緒にいてくれたおじいちゃんが、もう家にはいないのだ。もしかすると、ずっと会えなくなるかもしれないのである。沙良ちゃんにとって、それがどれほど悲しいことか、考えてみると申しわけなくなった。

どうやって慰めればいいのだろうか。

私は苦し紛れに、自分の話をした。

「以前、私が、猫のテコを大切にしているというお話をしましたよね。下の子が猫アレルギーで、妻も猫を飼うことを快く思っていないのに、なぜテコを手放さないのか、そのお話をしますね」

私は会社員だった頃の話をした。満員電車も嫌だったし、上司の理不尽な指示に従うのも嫌だった。長時間労働は当たり前。終電で帰る毎日。ストレスはピークになっていた。そんなとき、私が飼っていた猫が突然いなくなったのである。そのことで私は鬱を発症した。

職を失い、途方に暮れる日々が続いた。何とかこの苦しみから脱出しなければと、思いついたのが同じ姿形をした猫を探すことだった。私はそのことに夢中になった。その猫を見つけさえすれば私の鬱は改善し、人生を立ち直らせることができると信じているような側面もあった。何の根拠もない盲信かもしれない。でも、私は信じたのだ。

ペットショップを回った。同じ猫はどこにもいなかった。でも、私はあきらめなかった。これしか生きる道はなかった。私には、もう生きる希望など１グラムも残っていなかった。ただ、猫を見つけさえすれば、また希望を取り戻せるような気がしてしかたなかった。

保健所や小動物管理センターを訪れた。20ヵ所近く回った。21ヵ所目だった。そこに私の探している猫がいたのである。それがテコとの出会いだった。テコは1歳半くらいの猫だった。保健所や小動物管理センターなどでも、引き取り手が見つかることがよくある。その場合、大半が1歳までの子猫だった。1歳を超えるとまずもらい手は現われない。

テコは施設の檻の中でブルブル震えていた。人間からひどい虐待を受けたのだが、3匹の子どもを守るために逃げることができなかったからだ。それで人間を怖がっていた。ただ、その子猫たちも先にもらい手が決まり引き離されたことで、さらに心を閉ざしてしまったのだ。そんなとき、私はテコと出会った。まさに魂の伴侶に出会ったような気がした。

そしてテコと私はお互いの心の傷を癒すようにゆっくり時間をかけて信頼を築きあげていった。

私の快進撃はこのテコとの出会いから始まったのである。

「ありがとう」

沙良ちゃんは涙を浮かべて私に礼をいった。

梅子さんはハンカチを目頭に当てていた。里奈さんは「船ヶ山先生、すごいっス」といって感激していた。1番、感じ入っていたのは雅彦さんだった。号泣しながら「師匠！」と私のことを呼んだ。

47 響くメッセージは強い単語といい回しで決まる

次のスカイプコンサルでは、「響くメッセージは強い単語といい回しで決まる」というビジネス思考について講義した。雅彦さんを中心に、沙良ちゃん、里奈さん、梅子さんたちの瞳には、会社を盛り立てていこうという気持ちがみなぎっていた。

消費者にメッセージを発信するときのコツがある。チラシだったり、ホームページだったり、反応が高い人と低い人の違いはどこにあるのか。それは、強い単語を使っているかどうかで決まるということだ。

単語と単語の組み合わせが、フレーズになる。フレーズとフレーズの重なりがメッセージになる。だから、その根源となる単語を強いものにすることによって、強いメッセージに代わるのだ。

「運をつける」というフレーズよりも、「強運をつける」とした方が響く。「混んでいる電車には乗りたくない」というよりも「殺人的な満員電車には乗りたくない」とした方が胸に突き刺さる。それが、感情を揺さぶることになり、結果、成約率に影響する。

しかし、心に響く単語とは、煽ることではない。ここは間違えないでいただきたい。逆に、そういう言葉を使うことによって、怪しいと思われてしまうこともある。それがメールで送られてきたら、スパムメールかなと思ってしまだろう。

響く強い言葉というのは、実はコピーライターの中にはない。経営者の中にもない。買い手側の見込み客の中にあるのだ。見込み客が日常的に使う単語、言葉、いい回し、その中から強いメッセージを見つけ出すということだ。

これは実際に見込み客と接触しなければ見つからない。たとえば、高齢者たちの心に響く言葉は何かと考えてみていただきたい。机上で考えたら「孫」という言葉が浮かんでくるだろう。しかし、「孫」よりも、もっと高齢者の心に響く単語があるのだ。

それは何か、少し考えていただきたい。

世間話や雑談の中から見つかるのだ。砂漠の中からダイヤモンドを見つけるようなものだが、おそらく雑談の中から響く言葉を見つける方がずっと楽だ。アンテナを立てながら雑談していればすぐに見つかるのだから。

答えをいおう。高齢者、とくにおばあちゃんの心にもっとも響く言葉は「初恋」だ。この「初恋」という言葉は、ドキンとして、青春時代が走馬灯のように思い出されるらしい。頬を赤く染める高齢者もいる。それは雑談の中から相手の表情を見ていて気づいたことだ。

今後は、見込み客にヒアリングするとき、そういう視点を持つことだ。忘れてはいけないのは、自分視点ではなく相手の視点になるということだ。このことを忘れずに、チラシだけではなく、ホームページ、セミナー、動画、色々なものを作るときに、意識するといいだろう。

ホームページを作るときに、そこに訪れる見込み客の身になって考えることだ。見込み客ならば、このキャッチコピーを見てどう思うだろうか、この写真はどうだろうか、文字は読まれるだろうか、その視点を持って作ることなのだ。自分目線で作成すると間違いなく失敗する。

そんな講義をしてこの日のスカイプコンサルは終わった。

いよいよ文蔵さんが入院したということだった。検査の結果は2週間後になるという。

48 顧客生涯価値（ＬＴＶ）を意識してビジネスを設計する

ＬＴＶとは、Life Time Value の略で、日本語では「顧客生涯価値」のことをいう。ある顧客が生涯を通じてどのくらい利益に貢献するかを算出したものだ。なお実際は、本当の生涯（死ぬまで）ではなく、取引期間を指すもので、顧客が解約したりブランドスイッチするまでの期間に得られる価値を意味している。

次のスカイプコンサルでは、ＬＴＶについて講義した。

新規客を獲得するのに、１番お金がかかる。会ったこともない消費者に向けてメッセージを届けるには広告を打つしかない。営業をするにしても時間がかかる。営業担当者を雇うと人件費がかかってしまう。この新規客獲得コストをどう考えるかだ。

ＤＶＤ制作パッケージの値段が50万円である。そのうちの10万円が原価となる。この場合は外注費となる。しかし、この10万円の原価の中に営業費や広告費は含まれてはいない。

もしも、1ヵ月も2ヵ月も契約が取れない場合は、こうした経費が加算されていく。新規客だけを相手にビジネスモデルを構築するとこの計算が苦しくなる。

1人の顧客に1個の商品を販売して終わりというビジネスは長続きしない。一度購入してもらった顧客に、2個目、3個目、4個目の商品を買ってもらえば、そこには営業費も広告費も紹介料もほとんどかからない。新規客獲得コストの10分の1以下の金額でまかなえるだろう。つまり、1人の顧客とどれだけ長くつき合えるかを追求することだ。

だからといって、新規客の獲得をしなくていいというわけではない。既存客はどうしても流出してしまうので、新規客獲得は暫時行わなければいけない。割合的には新規3、既存7、くらいを意識すればいいだろう。

ここでおもしろい事例を紹介したい。

とあるニキビケア商品の話である。ニキビケア商品を単体で見たら８０００円である。その会社は、初回だけ8000円の商品を3900円まで値引いて販売している。2回目からは8000円になる。しかし、初回成約した段階で紹介者に8000円の報酬をバックしているのだ。

なぜそんなことができるのか。それは彼らが、購入回数の平均値を知っているからだ。1人が買うとその人が何ヵ月継続するかというのを全部データで取っているのだ。

そうすると、長く継続している人もいれば、1ヵ月で辞めてしまう人もいる。大量にデータを集めると平均値が出る。だから、紹介料として8000円払っても全然痛くない。ちゃんと利益が出るのである。つまり、LTVを意識してビジネスモデルを構築するとこういう戦略を考えることができるのだ。

そのためには、まずデータを集め平均値を割り出すことだ。そして、生涯に渡ってお客様をよりよい未来に導いて、もっと高い価値を提供できないかと常に考えていくのである。そうすると、将来に渡って右肩あがりに成長することができる。

「今日はここまでです」

と私がいったとき、リビングに白装束の女性が入ってきた。笠には、「迷故三界城」(迷うがゆえに三界は城なり)、「悟故十方空」(悟るがゆえに十方は空なり)、「本来無東西」（本来東西は無く）、「何処有南北」（何処んぞ南北あらんや）、弘法大師を表す梵字（サンスクリット文字）、「同行二人」（どうぎょうににん）などと書かれている。

和子さんだった。全行程を歩いて廻ると生き倒れる人も出るほど過酷な旅である。

和子さんは、途中バスや電車に乗ったりしたが、それでもかなりの修行だった。和子さんにとって生まれて初めての経験であり、試練だった。

そして、その試練を見事に克服したという自負がみなぎっていた。バスに乗ったとか、電車に乗ったとか、そういうことはどうでもいいのだ。問題ではない。大事なのは、いままでやったこともないことに挑戦して、見事、やりきったということだ。やりきったかどうかは疑問が残るが、少なくとも和子さんはそう思っていた。

そして、自分の可能性に目覚めたのである。私はできる。私は何だってできる。私に不可能などない。やりたいと思ったことをやってやろう。やらずに後悔して死ぬよりも、やりたいことに挑戦して死んでいきたい。和子さんはそう思った。そして、家族の前で、高らかに宣言した。もちろん、その様子を私はスカイプを通して目撃した。

「私、このたびの区長選挙に立候補します！」

49 達成欲を意識し次の願望を共有する

和子さんは「自分は選挙に勝てる」と信じていた。負けることなど考えもしなかった。ポスターやブルゾン、ノボリなど、選挙ツール一式を早々に発注した。自転車で世田谷区内を走り回る計画だった。

幸い前区長が知り合いだった。街の清掃活動のとき前区長を応援した経緯がある。前区長は、恩返しといって喜んで後援会の会長を引き受けてくれた。知り合いの企業や商店街や組合なども紹介してくれた。

ボランティアスタッフが続々と集まってきた。岡田家には連日、選挙スタッフがつめかけて告示後の作戦を練っていた。本人は自転車で走り、ライトバンで走る車部隊を準備するとか、ポスターの番号が決まったら掲示板に手分けして貼る係りを決めたり、選挙事務所を商店街の空き店舗に設置する手配などが夜遅くまで協議された。

おかげで、スカイプコンサルは沙良ちゃんの勉強部屋でやることになった。

「師匠、こういう場合、私はどうすればいいんでしょうか？」

スカイプのカメラに向かって雅彦さんが、私に相談してきた。私は即座に回答した。

「愛する奥様が政治家になるんです。全力で応援するべきじゃないですか？」

「そうですね」

「会社をあげて奥様の応援をすればいいと思いますよ。家族が１つになるチャンスじゃないですか。それに会社にとってもメリットがあるはずです」

「わかりました。みんなで選挙戦を勝ち抜いてみせます」

雅彦さんがガッツポーズを取った。


この日のスカイプコンサルは、「達成欲を意識し次の願望を共有する」というビジネス思考について講義した。顧客とは末永くつき合いたいものである。どうすれば末永くおつき合いができるのか。

逆に倒産原因の方から考えてみよう。

飲食店の倒産原因で１番多いのが忘れられるということだ。味が悪かったとか、接客が悪かったとかではない。顧客が、その店のことを忘れてしまい倒産するのだ。だから忘れられないように電話したり、手紙を送ったりするだけで、結構繁盛する。

倒産原因の2番目は、顧客が成長するということだ。たとえば、子どもの製品を売っていたら子どもが成長して必然的にその商品を買わなくなる。それで売れなくなることがある。

3番目の要因というのは引越しするという物理的な問題である。インターネットを使った商売であれば、問題はないのだが、店舗型ビジネスだったら顧客が引っ越してしまったらいなくなる。だから、こちらがいくら末永くおつき合いしたいと思っていても、顧客の都合で買わなくなるのだ。これらのことを意識しながら考えていく必要がある。そのためには、達成欲を意識する必要がある。

結局、顧客は、商品を買っているのではなく、願望を叶えるために商品を使ってくれているのだ。この本質を忘れてはいけない。その願望をさらによくするものであれば、違う商品でも構わないということだ。

たとえば、ダイエット商品。ダイエットマシンを購入して、顧客が見事に痩せたとする。それで終わりだと考えてはいけない。次はお肌をもっと綺麗にするとか、もっとかわいい洋服を提案するとか、次の願望にフォーカスすることによって次々と提案できる。

1つの願望を達成した瞬間に、次の願望が生まれるのが達成欲である。この達成欲にフォーカスしなければいけない。販売者はどうしても商品に固執してしまい、商品にフォーカスするので、顧客を逃がしてしまう。顧客の願望を一切無視してしまっているのだ。

相手の願望に意識してそれを共有してあげることだ。1年前と同じ願望だったり、悩みを持っている人は1人もいない。常にリアルタイムで変わる。感情によっても左右される。顧客の願望は、常に変わるという前提でビジネスを考えていかなければいけない。

商品に固執していると取り残されてしまう。昔は売れたのに今は売れないという人がいっぱいいるのは、商品に固執してばかりで顧客の願望を無視した結果なのだ。

スカイプコンサルはそこで終了した。

この日から、岡田家は選挙モードになっていった。

雅彦さんの提案で有権者の意見を吸い取ることになった。スタッフが手分けして有権者たちをヒアリングして回ったのである。政治における顧客は有権者である。その有権者がどのような願望を持っているのか、そして、過去の区政に対してどのようなフラストレーションを持っているのか、それをリサーチすることになった。

カーブミラーをつけたとか、ガードレールをつけたとか、そういう実績には、案外有権者たちは関心がないことがわかった。どうでもいい、という声もあった。むしろ、そういうことを自分の実績だと声高に叫ぶ政治家は嫌悪された。

国政選挙ではなく区長を選ぶ選挙である。消費税アップとか、国の借金の削減とか、そういう大きなことは関係ない。

「健康で幸せに生きるのが1番だ」とか「家族が仲良く生活できたらいうことないよね」とか、「お隣さんが何をしているのか、近隣とのおつき合いがなくなってる」とか、「健康」「幸せ」「家族」「近隣」というキーワードが浮かんできた。

フラストレーションに関しては、「区役所へいって待たされるのが1番腹が立つ」ということだった。

「『区役所の窓口業務を10分以上待たせません』というのを公約にしたどうっスか？」

里奈ちゃんがいった。

「幸福度世界1の世田谷区！　2番じゃダメなんです」というキャッチフレーズは沙

良ちゃんが提案した。

「健康のための区の体育大会を企画したらどうかしら」と発言したのは梅子さんだった。

残念ながら雅彦さんからは何のアイデアも出てこなかった。雅彦さんにできることといえば、選挙事務所に座り続けることだった。文字通り、座っているだけである。座っているだけなら、何時間でもできた。雅彦さんの唯一の特技だった。

雅彦さんには、選挙対策委員長という肩書をつけた。委員長が事務所にただ座っているだけでスタッフたちは安心できた。何もいわなくていい。事務所にいけば誰もいなくても委員長がいる、朝から晩までそこに座っている。ときおり、おにぎりを頬張っている、それだけでスタッフたちを勇気づけた。

50 販売者が考える完璧はお客様の考える完璧とは違う

選挙の前評判では和子さんは苦戦していた。政権政党から出馬した70歳近い爺さんが善戦していたのだ。経験豊富さがものをいった。区議会議員を20年も勤めているべテランだった。政治の素人の主婦が区長になったところで、何もできないだろうというのが敵陣営の主張だった。

政治のプロたちがいままでやってきたことは現状維持じゃないか、というのが和子さんのいい分だったが、街頭演説でそれがどれだけ有権者の心に響いたかはわからない。和子さん自身にも、自分は素人だし、という思いがどこかにあることは否めなかった。

選挙期間中も、ＤＶＤ制作の営業活動は続けられた。説明会は中止したが、紹介による新規の見込み客が増えた。というのも、入院している文蔵さんが、病院内を駆け回り人脈を広げていったのである。

余命幾日もない文蔵さんのことを看護師たちから伝え聞いた地域の名士たちが、申込書にサインしたのである。命の炎が尽きるまで、会社のために働き続ける文蔵さんの後ろ姿が涙を誘った。

契約の取れた申込書はすぐに里奈さんにつなげ、里奈ちゃんと沙良ちゃんが業者に発注する。梅子さんがリスト化するという仕組みができあがっていた。

雅彦さんだけは、選挙事務所にずっと控えていた。

最後のスカイプコンサルは沙良ちゃんだけだった。

「今日は、『販売者が考える完璧はお客様の考える完璧とは違う』というビジネス思考についてお話ししていきたいと思います」

「よろしくお願いいたします」

沙良ちゃんがぺこりと頭を下げた。最初は沙良ちゃん１人だった。最後のスカイプも沙良ちゃん１人なんだなと思うと感慨深いものがあった。

「沙良ちゃんは完璧な商品を作りたいと思いますか？」

「できれば作りたいと思います」

「仮に沙良ちゃんが完璧な商品を作ったとしますよね。自分が考える完璧な商品です。ただ、それは、お客様にとっての完璧とは限らないということなんです。なぜお客様は、完璧だと思わないかというと、それぞれお客様には得たい願望があるからです。結局、販売者は、商品自体に答えがあると思って、それを完璧にしようと思うんです。しかし、お客様は得たい願望があって、それを手にするためにその商品を使っているのですから、その結果さえ手に入れれば、この過程である商品に、そこまでこだわりがないんです」

「そうなんですね」

「こだわっているのは販売者だけなんです。この温度差がある限り完璧な商品を作ったところで、お客様は完璧だと思わないのです」

そのとき、和子さんがスカイプの画面の中に入ってきた。自転車による遊説を終えて、選挙事務所によらずに自宅へ帰ってきたというのだ。

「私にも、船ヶ山先生の講義を聞かせてください」

深刻に悩んでいる表情を浮かべて和子さんがいった。選挙で苦戦しているとは聞いていたが、それが色濃くなったのだろうか。

「じゃあ、続けますね。『販売者が考える完璧とお客様が考える完璧は違う』というお話を今日はしています。選挙にたとえると、立候補者が考える完璧と、有権者が考える完璧は違うといい換えてもいいかもしれません」

私は和子さんにもわかりやすいように話した。


私の友人の便利屋さんの話だ。便利屋のメニューとして「話し相手をしますよ」というサービスを始めると、申し込みが殺到したのだ。掃除とか犬の散歩とかは、便利屋の定番サービスは案外リピート性が低くて、なかなか注文がこないのだ。話し相手は１番需要があるのだという。しかも、料金は５００円。

お茶菓子を食べながら話を聞きながら、「不要なものがあったら買い取りますよ」というのだ。そして、買い取った商品をヤフーオークションなどで売って儲ける。収益の８割がその買い取りビジネスで成り立っているという。だから、話し相手の料金が５００円でも成立するのだ。

その便利屋さんから聞いた話である。その便利屋さんは、買い取った商品を修理して、できるだけ綺麗に、完璧にして販売するわけではないのだ。壊れたスピーカーを仕入れたら、そのままインターネットオークションに流す。

「え⁉　壊れたままで？」

和子さんが奇声をあげた。よほどびっくりしたようだ。

「そうです。壊れたままです。壊れたスピーカーを飾るのが趣味の人もいるのですよ。中の部品だけが欲しくてその壊れたスピーカーを買う人もいます。そもそも、販売者が考える現実とお客様が考える現実とは全然違うんです。スピーカーといってもレアなものになると壊れたものを仕入れて横流しするだけで月６００万円稼いでるという人もいるんですよ」

「ホントですか？　じゃあ。立候補者が別に完璧じゃなくても、そういうのを好む有権者がいるってことかしら」

「いるかもしれませんね」

「わかったわ。私はいままで自分を着飾って完璧な立候補者になろうとしていた。だから、経験豊富なライバル候補には勝てないと思い込んでいた。でも、違うのね。私は私らしく戦えばいいんだわ」

「そうですよ」

「ありがとう。私、頑張る！」

そういって、和子さんは部屋を出ていった。選挙事務所にいったのだろう。部屋には沙良ちゃんだけが残った。

「ママ、元気になったみたいだね」

「うん。ママもパパも、何か、以前よりも仲良くなったみたい」

「そうなんだ。よかったね」

「うん」

沙良ちゃんは嬉しそうに笑った。笑顔の頬の周りに幸せの妖精が１万の光とともに飛び出してきたように見えた。

エピローグ

和子さんは素人の主婦だということを包み隠さず公開して選挙を戦った。取り繕うこともなく、素人の何が悪いんだと、堂々と遊説した。

地域の公民館で行われた候補者同士の討論会でのことだ。

和子さんは相手候補につめよった。

「政治のプロがレタス1個の値段を知っているんですか？　政治のプロが保育所に子どもの送り迎えをやったことがあるんですか？　そういう生活者の実感で政治をやったことがありますか？」

この言葉に70歳近い爺さん候補はぐうの音もでなかった。そもそも、爺さん候補には公約すらなかった。和子さん陣営が立てた公約をうすら笑って批判するだけだった。「区役所の窓口業務を10分以上待たせません」とか「幸福度世界1の世田谷区！」とか、「健康のために区民体育大会を企画する」とか、しょせん、素人が描いた絵空事だというのだ。

和子さんは他の区や市、世界の事例をあげて反論した。窓口業務の待ち時間を短縮している市の事例や幸福度調査のもとに区政を行った区のことなど前例があることを示し、決して絵空事ではないことを明らかにした。

「そもそも、政治のプロだといっても、何もやってこなかっただけでしょ。あなたは区議会議員を20年も経験されていますが、どんな実績があるんですか、この場でいってみてください。私はちゃんと調べています。あなたの実績といえば、温泉地に300回以上も訪れながら、明確な活動内容を示さず、政務活動費として約300万円を支出してきたことくらいでしょ。ま、それが実績といえればの話ですけどね。さあ、ここに証拠の書類があるんですよ」

和子さんの手にした証拠書類が新聞記者の手に渡り、投票日前日に爺さん候補者は釈明会見を開かなければいけなくなった。そこで爺さん候補者は号泣しながら会見した。その様子がユーチューブで拡散され、爺さん候補者は落選した。

区長になった和子さんは、病院の文蔵さんを見舞った。沙良ちゃんと雅彦さんと、梅子さん、里奈さんも一緒だ。

文蔵さんの検査結果が出る日だった。手術でガンの進行を止めることができるのか、それともこのまま死を待つしかないのか。どちらにしても文蔵さんの死は決定的だった。

「みんなありがとう。いつあの世へいくかわからないので、ここでお別れの言葉をいうからな」

文蔵さんはベッドから弱々しく首だけこちらに向けた。

「まだ早いッスよ。検査の結果によっては、まだ長生きできるかもしれないんでしょ」

里奈さんが涙声でいう。その声がよけいに涙を誘った。

「おじいちゃん。もっと遊びたかった」

沙良ちゃんは泣き崩れて布団に顔を埋めた。

「お義父さん、ここ区立病院でしょ。もっといい病室に移してもらいましょう」

和子さんはすっかり区長気分だった。

「親父、俺、いままで意地張ってて、素直になれなかった。親父の残してくれた会社、俺が絶対に守ってみせるから」

雅彦さんはうなだれて泣いた。

「みんなよく聞いてくれ。たったひとことだけ、みんなに残したい言葉がある。それは……」

文蔵さんは力が抜けて、目蓋が閉じかけた。目元がピクピクと震えている。意識が朦朧としているのかもしれない。

「それは、何だい、親父！」

雅彦さんが文蔵さんの手を握り締める。

「それはな……」

文蔵さんの唇が痙攣したように震える。

そのとき、白衣を着た若い医師が駈け込んできた。病室に入ってくるなり、みんなの前で土下座した。

「どうしたんですか？」

冷静な口調で新区長がいった。

「申しわけございません。病院側の手違いでした。岡田文蔵さんは、ガンではありません。単なる急性の胃炎でして薬を呑んでおけば治る類のものでした。ホントに申しわけありません」

若い医師は、床に頭をすりつけんばかりに謝った。

「それって、誤診ってこと？」

といったのは和子さんだった。

「嘘でしょ」

里奈さんが涙を拭きながらいった。

雅彦さんは「え？」としか声をあげられなかった。

「じゃあ、おじいちゃんは死なないのね？」

沙良ちゃんは突然の驚愕をすんなりと受け入れているようだった。

最後に、文蔵さんがいったセリフは「マジっすか？」だった。


お正月になった。家族が全員そろったのは何年ぶりだろうか。沙良ちゃんはみんなでおせち料理が食べられることが嬉しかった。全部、梅子おばあちゃんと沙良ちゃんとで作ったものだった。和子さんは、おせちの重箱の蓋を開ける係だった。

「おばあちゃん、おいしいね」

沙良ちゃんは黒豆を口に入れて、フフっと幸せを噛みしめた。

「うん、うん、みんなで食べるとおいしいだろ」

梅子おばあちゃんは、数の子とかまぼこを小皿に取り分けて文蔵さんに渡す。

「雅彦が手伝ってくれるようになって、ワシの会社も順調だし、めでたい正月になったもんじゃ」

文蔵さんは珍しく息子の雅彦さんを誉めた。ここ最近、喧嘩することはほとんどなくなっていた。

「いやぁ。まだまだですよ」

雅彦さんは謙遜する。説明会で成約を取るという実績をつけてから、人間が変わったように学ぶことを意識するようになった。学ぶことで人間は成長し、学ぶことで変化に対応できるようになる。学ぶことこそが幸福であり、学ぶことは光だと思うようになった。それほど、衝撃的な体験だったようだ。

和子さんは区長になってから、さらに都議会議員を目指すといい出した。願望は達成されると、さらなる願望が生まれる。本当の願望がどこにあるのかは、和子さんにもわかっていないみたいだった。

とにかく、目の前の目標に向かって突き進むしかない。その先に何があるかなんて、誰にもわからない。でも、いけばわかる。和子さんはそんな心境だった。

「今年は、私、もっと上を目指しますわ！」

和子さんは立ちあがって声高らかに宣言する。それを全員が見あげる。

そのとき、里奈さんが駈け込んできた。

「社長！　やばいっス」

緊迫したような声で里奈さんがいった。

「どうしたんだ？　お正月の余興かい？」

文蔵さんは酒に酩酊《めいてい》した呂律でいった。

「テレビ局の人から連絡があったんっスけど、文蔵社長にインタビューしたいそうっス。起業で成功する上での心構えやマインドを聞きたいっていうんっス。社長、船ヶ山先生から実践的なことしか学んでないじゃないっスか。マインドに関しては、何ていうんっスか？」

「それは、やばいなぁ」

文蔵さんは一瞬、凍りついた。

「また、学べばいいじゃん」

沙良ちゃんがいって、文蔵さんに向かって笑顔を浮かべた。

「そっかぁ」

といって文蔵さんが笑う。和子さんも、雅彦さんも、梅子さんも、そして里奈さんも、みんな大事なファミリーだった。岡田ファミリーのお正月は和気藹々と過ぎていった。

50のルール　まとめ

❶ビジネスの本質は相手が何に対してお金を払いたがっているかを知ることにある。
❷ビジネスの本質の基準となる価値は相手の感情が決める。
❸商品はあくまでも、お客様の願望を叶えるための過程でしかない。
❹ビジネスは足し算ではなくかけ算で考える。
❺自分が勝負すべき市場を間違えない。
❻見込み客とは「商品を買う心の準備もできていて、その問題をお金を払ってでも解決したい人」のことである。
❼見込み客にはこちらから近づく。
❽嘘をつかず、しかし、自分を信頼させる状況を上手く作る。
❾アップセル（別の商品を一緒に販売する）も考えてみる。
❿実績を作ることでビジネスは加速度的に大きくなる（お金が増えていく）。
⓫実績を上手く告知することで、お客様の信頼を拡げていく。

⑫集客商品と収益商品を意識して、上手く組み合わせる。
⑬同業者はライバルではなく、仲間と思うようにする。
⑭見込み客になるリストを持っているところはどこかよく考えてアプローチする。
⑮キャッシュは事業の血液であり、心の安定と豊かな発想の基となる。
⑯報酬はビジネスの前にもらうべきである。
⑰見込み客を集める工夫をする。
⑱まずは小さくやって反応率をよく知ろう。
⑲無料媒体の限界と役割を知る。
⑳広告費は売りあげの大きさに反映する。
㉑売りあげの3要素①単価②人数③回数、それぞれの施策を考えてみる。
㉒必ずテスト販売してみる。
㉓見込み客を「願望」「結果」「フラストレーション」「悩み」「痛み」からよく知る。
㉔商品に固執せずに見込み客の現実にフォーカスすること。
㉕コンセプト次第で何でも売れる。

㉖新規客は簡単にできる仕組みの商品で開拓する。
㉗できるだけよい商品を作るべきだが、完璧な商品はないことを知る。
㉘フロントエンド商品には安くてよいものを作って、これからの種まきをする。
㉙経営の安定のために継続課金システムも作っておく。
㉚種まき用の仕組みを作り、テストして、反応率を測定し、広告で拡大する。
㉛すべて自分でやれて、責任を自分が負う覚悟があって、初めて他人と仕事ができる。
㉜第一印象はずっとその人の印象になるのでよい印象を作れるようにする。
㉝プロフィールをかっこよくするための行動をする。
㉞ブランドとはお客様との約束を果たしていくことである。
㉟信用を得るために相手のためになることを与え、信頼を得るために相手の都合を優先する。
㊱「欲しい」という商品は本人に、「必要だ」という商品は周囲にメッセージを送る。

❸❼商品の成長曲線見方のキーワードは、導入期は「何でも屋」成長期は「専門家」成熟期は「特化型」衰退期は「次の時流」である。

❸❽3Cすなわち「顧客」「競合」「自社」のバランスを取る。

❸❾目標と願望を間違えない。

❹⓿新規事業を成功させるためには見込み客を変えないこと。

❹❶競合他社をよく研究し、その穴を見つけて埋める。

❹❷こちらの市場に入っていない人にアプローチするには夢を語り、小さな金額の商品を買ってもらう。

❹❸見込み客からターゲットをしぼり、広告媒体の視点でターゲットにアプローチする。

❹❹商品の価格設定は①業界の基準を知る②バックエンドの商品のことを一緒に考えて決める。

❹❺値あげをするときにつける特典は、お客様が不満に思っている点を埋めるものにする。

㊻大事なのは、お客様のリスクを軽減してあげること。お金はそのリスクの1つにすぎない。

㊼響く強い言葉は見込み客の中にある。

㊽顧客の生涯価値（LTV）をデータで割り出し、生涯に渡ってお客様をいい未来に導いて、もっと高い価値を提供することを考える。

㊾顧客から末永く買ってもらうには、相手の願望達成欲を共有していく。

㊿販売者が考える現実とお客様が考える現実は違うことを知る。

プラス1　ビジネスの成功は学び続けることにある。

【著者】

船ヶ山 哲 (Tetsu Funagayama)

1976 年 1 月 14 日生まれ。

企業 WEB マスターとして活躍し、年間 1000 万円にも満たない会社の売り上げを、わずか数年で数億円にまでにした敏腕マーケッター。

現在は、世界を股に掛けマーケティングコンサルタントとして活動し、人脈、コネ、実績なしの状態から起業後わずか３年で３００社以上のクライアントを獲得する。

そのクライアントは、上場企業から町の小さな商店まで幅広くサポートし､北は北海道から南は沖縄まで､遠くはギリシャまでサポートを行う。

その手法は、人の心理をベースにしたマーケティング手法であるため一切、売り込みを感じさせない魅惑な世界観で顧客を魅了する。

また、数あるコンサルタントの中でも、特にアナログ媒体とオンラインとのクロスメディアを得意とし、業界では NO.1 の地位を獲得している。

他、著名人などのプロデュースを行い活動の幅を拡大し続けている。

著書「売り込まずにお客が殺到するネット集客法」(セルバ出版) を 2013 年 4 月に処女作として出版。

企画協力　小山睦男（インプルーブ）
カバー・本文デザイン　ISSHIKI

大富豪から学んだ世界最強の儲かる教え

世界で活躍するカリスマコンサルタントが明かす大富豪の50の知恵

2015年12月11日　初版第1刷発行
2016年1月4日　　第2刷発行

著　者　船ヶ山 哲

発行者　大石　雄一
発行所　アイバス出版株式会社
〒170-0013
東京都豊島区東池袋1-48-10　25山京ビル925
TEL 03-5927-1671　FAX 050-3153-1353
TEL 050-3802-6836（販売）
URL http://www.i-bas.jp/
E-mail　info@i-bas.jp

発　売　サンクチュアリ出版
〒151-0051
東京都渋谷区千駄ヶ谷2-38-1
TEL　03-5775-5192　FAX　03-5775-5193
印　刷　中央精版印刷株式会社

ISBN978-4-86113-611-5